WEB DESIGN

Sommario

HTML 6

Premessa 7

Capitolo 1: Caratteristiche 13

    Video..15

    Local Storage.................................19

    Web worker....................................22

    Applicazioni offline 24

    Geolocalizzazione..........................26

    Tipo di input 28

    Microdata 30

Capitolo 2: Video e HTML 32

    Codec video 38

    Codec audio...................................42

    Tag e HTML 47

Capitolo 3: Geolocalizzazione 51

Callback 56

Errori 58

Alta precisione 60

Capitolo 4: Local storage...........................63

Come usarlo...68

Limiti..72

Capitolo 5: Applicazioni offline...................74

Cache...77

Fallback..82

Capitolo 6: Tipi di input 87

e-mail 88

search 91

tel 93

number...95

Capitolo 7: Microdata.................................97

Come funziona? 99

Modello dei microdati 103

CSS 109

Premessa 110

Capitolo 1: Le basi 116

Capitolo 2: Pensa nel modo giusto 123

Cosa dimenticare 129

Capitolo 3: Come funziona 133

Capitolo 4: Interno o esterno? 140

Fogli di stile interni 145

Fogli di stile esterni 148

Capitolo 5: Il mio stile 150

Creazione di uno stile inline 151

Fogli di stile interni 156

Fogli di stile esterni 162

Capitolo 6: Identificare lo stile 178

Un tag, più classi....................................187

Capitolo 7: Specifici o generici? 191

Specifici...191

Generici...194

Capitolo 8: Pseudo-classi ed elementi 199

HTML

Premessa

Una delle ultime tendenze per i professionisti di Internet è l'avvento della codifica HTML5. Sta diventando il linguaggio preferito dai siti web ovunque. Nell'ottobre 2014 il World Wide Web Consortium lo ha standardizzato e ora stiamo assistendo a molti siti Web che usano HTML5. YouTube, ad esempio, è passato da Flash player a HTML5 anche perché dal 31 dicembre 2020 Flash è stato deprecato su alcuni browser.

Innanzitutto, cos'è HTML5? Prima inquadriamo l'HTML che, nella sua essenza, è essenzialmente un mucchio di tag. Un tag aggiunge del valore al tuo testo, quindi, consente di renderlo digitale e fruibile a tutti.

Ma, con HTML5, il linguaggio di markup è diventato un tessuto connettivo che tiene insieme una serie di altre tecnologie. Audio, video, immagini, parole, titoli, citazioni, canvas, grafica 3D, indirizzi e-mail: ti permette di dire che queste cose esistono e fornisce i mezzi per usarli in una pagina.

Ecco quattro motivi per cui imparare ad usare HTML5, insieme ad alcuni avvertimenti da tenere a mente.

1. È il futuro della programmazione

Oggi, moltissimi siti web al mondo utilizzano HTML5. Internet sta diventando sempre più basato sulla multimedialità, quindi, richiede un linguaggio di programmazione in grado di accogliere questa prospettiva. HTML5 rende la consegna del contenuto multimediale molto più facile per lo sviluppatore e più veloce per l'utente che lo riceve.

2. Appare nello stesso modo su tutte le piattaforme e i browser

Quante volte hai visitato un sito web su Chrome e ti è sembrato perfetto, ma in seguito l'hai controllato sul tuo smartphone e non si adattava correttamente allo schermo? La compatibilità su tutte le piattaforme è uno dei principali vantaggi di HTML5 e questo è fondamentale per le aziende oggi. Con così tanti browser e formati disponibili, è necessario che il tuo sito web appaia allo stesso modo su tutti e creare una versione diversa per ogni piattaforma è poco pratico. Con HTML5 e il responsive design, puoi avere solo una versione della tua pagina web che avrà sempre un bell'aspetto, a prescindere da quale browser o dispositivo i tuoi utenti stiano utilizzando. Tuttavia, la compatibilità non è perfetta.

3. La codifica è semplificata

Gli obiettivi principali di HTML5 sono offrire un maggiore supporto multimediale e anche rendere la codifica molto più facile da leggere e comprendere sia per le persone che per le macchine. La codifica HTML5 è chiara, semplice e descrittiva e, invece di dover scrivere enormi blocchi di codice complicato, puoi creare la stessa cosa usando blocchi più piccoli di codice semplice. HTML5 rende anche il posizionamento di contenuti audio e video un gioco da ragazzi. Tratta quel contenuto come tratterebbe i tag immagine e questo rende le cose molto più facili per i programmatori perché consente loro di includere quegli elementi multimediali senza dover utilizzare un plug-in o un'API.

L'unico avvertimento con i nuovi tag `<audio>` e `<video>` è che supportano diversi formati di file, quindi dovrai includere diverse versioni del file multimediale che carichi.

4. È più veloce e più adattabile all'utente

Nel complesso, HTML5 potrebbe fornire un'esperienza utente molto migliore ai tuoi utenti. Con CSS3 i programmatori possono aggiungere elementi di stile più impressionanti a una pagina e fornisce anche il supporto per la geolocalizzazione: una pagina web può adattarsi a seconda della provenienza di un particolare utente e modificare il flusso di informazioni secondo le necessità. Inoltre, HTML5 usa i dati dall'utente invece di utilizzare i cookie e ciò consente tempi di caricamento della pagina più rapidi ma ciò rappresenta anche un rischio per la sicurezza. HTML5 viene fornito con una serie di nuove API come Drag and Drop, Schermo intero, Media Capture che ne aumentano le capacità e migliorano l'esperienza dell'utente. Tuttavia, non tutte le API sono completamente compatibili con tutti i browser. IE, ad esempio, su cui molte aziende fanno ancora affidamento, non è compatibile con molte delle nuove API HTML5. Chrome, Firefox e Safari invece hanno pochissimi problemi di compatibilità.

Tutto sommato, HTML5 è davvero il passo successivo nell'evoluzione del Web. Se la tendenza attuale continua, si prevede che raggiungerà un utilizzo ottimale entro il 2022.

Capitolo 1: Caratteristiche

HTML5 non è un unico e grande contenitore; è una raccolta di caratteristiche individuali. Quindi, non puoi rilevare il "supporto HTML5", perché non ha alcun senso ma puoi rilevare il supporto per singole funzionalità, come canvas, video o geolocalizzazione. Quando il browser esegue il rendering di una pagina Web, costruisce un DOM (Document Object Model) cioè una raccolta di oggetti che rappresentano gli elementi HTML nella pagina. Ogni elemento, ogni `<p>`, ogni `<div>`, ogni `<span>` - è rappresentato nel DOM da un oggetto diverso.

Tutti gli oggetti DOM condividono un insieme di proprietà comuni ma alcuni oggetti ne hanno più di altri. Nei browser che supportano le funzionalità HTML5, alcuni oggetti avranno proprietà uniche. Una rapida occhiata al DOM ti dirà quali funzionalità sono supportate.

Video

HTML5 definisce un nuovo elemento chiamato `<video>` per incorporare dei video multimediali nelle tue pagine web. Incorporare video era impossibile senza plug-in di terze parti come Apple QuickTime o Adobe Flash. L'elemento `<video>` è progettato per essere utilizzabile senza script di rilevamento.

Puoi specificare più file video e i browser che supportano il video HTML5 ne sceglieranno uno in base ai formati video che supportano. I browser che non supportano il video HTML5 ignoreranno completamente l'elemento `<video>` ma puoi usarlo a tuo vantaggio e chiedere loro di riprodurre il video tramite un plug-in di terze parti.

Kroc Camen ha progettato una soluzione chiamata "Video for Everybody!" che utilizza video HTML5 ove disponibile, ma ricorre a QuickTime o Flash nei browser meno recenti. Questa soluzione non utilizza alcun JavaScript e funziona praticamente in tutti i browser, inclusi i browser mobile.

Se vuoi usare in modo avanzato il tuo video piuttosto che caricarlo sulla tua pagina e riprodurlo, dovrai utilizzare JavaScript. Se il tuo browser supporta video HTML5, l'oggetto DOM che crea per rappresentare un elemento `<video>` avrà un metodo `canPlayType()`. Se il tuo browser non supporta il video HTML5, l'oggetto DOM che crea per un elemento `<video>` avrà solo il set di proprietà comuni a tutti gli elementi.

Puoi controllare il supporto video usando questa funzione JavaScript:

```
function supporta_video() {
 return
!!document.createElement('video').canPla
yType;
```

}

I formati video sono come lingue scritte. Un giornale inglese può trasmettere le stesse informazioni di un giornale spagnolo ma se puoi leggere solo l'inglese, solo uno di essi ti sarà utile! Per riprodurre un video, il tuo browser deve comprendere la "lingua" in cui è stato scritto il video.

La "lingua" di un video è chiamata "codec": è l'algoritmo utilizzato per codificare il video in un flusso di bit. Ci sono dozzine di codec in uso in tutto il mondo quindi quale dovresti usare? La sfortunata realtà del video HTML5 è che i browser non possono concordare su un singolo codec. Tuttavia, sembrano aver ridotto la scelta a due codec.

Un codec è a pagamento (a causa della licenza di brevetto) ma funziona in Safari e su iPhone, l'altro codec è gratuito e funziona in browser open source come Chromium e Mozilla Firefox.

Local Storage

L'archiviazione HTML5 offre ai siti Web un modo per archiviare le informazioni sul computer e recuperarle in un secondo momento. Il concetto è simile ai cookie ma è progettato per maggiori quantità di informazioni.

I cookie sono di dimensioni limitate e il tuo browser li rinvia al server web ogni volta che richiede una nuova pagina (il che richiede tempo extra e consumo di banda preziosa).

La local storage HTML5 rimane sul tuo computer e i siti web possono accedervi con JavaScript anche dopo il caricamento della pagina. Se il browser supporta l'archiviazione HTML5, sarà presente una proprietà `localStorage` sull'oggetto `window` globale. Se il tuo browser non supporta l'archiviazione

HTML5, la proprietà `localStorage` non sarà definita.

È possibile verificare il supporto dell'archiviazione locale utilizzando questa funzione:

```
function supporta_local_storage() {
  return ('localStorage' in window) &&
window['localStorage'] !== null;
}
```

La local storage fa davvero parte di HTML5? Perché è in una specifica separata?

La risposta breve è sì, fa parte di HTML5. La risposta leggermente più lunga è che local storage faceva parte della specifica HTML5 principale ma è stata suddivisa in una specifica separata perché alcune persone nel gruppo di lavoro HTML5 si sono lamentate del fatto che HTML5 fosse troppo grande. È stato un po' come tagliare una torta in più pezzi per ridurre il numero totale di calorie... benvenuto nel bizzarro mondo degli standard.

Quanto è sicuro il mio storage database HTML5? Qualcuno può leggerlo? Chiunque abbia accesso fisico al tuo computer può probabilmente guardare (o persino modificare) il tuo storage database HTML5. All'interno del tuo browser, qualsiasi sito web può leggere e modificare i propri valori ma i siti non possono accedere ai valori memorizzati da altri siti. Questa è chiamata restrizione della stessa origine (same origin).

Web worker

I web worker forniscono ai browser un modo standard per eseguire JavaScript in background. Con i web worker, puoi generare più "thread" che vengono eseguiti tutti contemporaneamente, più o meno. Pensa a come il tuo computer può eseguire più applicazioni contemporaneamente, il concetto è molto simile.

Questi "thread in background" possono eseguire calcoli matematici complessi, richieste di rete o accedere alla memoria locale mentre la pagina web principale risponde all'utente che scorre, fa clic o digita.

Se il browser supporta l'API Web Worker, sarà presente una proprietà `worker` sull'oggetto `window` globale. Se il tuo browser non supporta

l'API Web Worker, la proprietà non sarà
definita.

Questa funzione controlla il supporto del web
worker:

```
function supporta_web_workers() {
 return !!window.Worker;
}
```

Applicazioni offline

Leggere pagine Web statiche offline è facile: ti connetti a Internet, carichi una pagina Web, ti disconnetti da Internet, raggiungi una zona isolata e puoi leggere la pagina Web a proprio piacimento. Ma che dire dell'utilizzo di applicazioni web come Gmail o Google Documenti quando sei offline?

Grazie a HTML5, chiunque (non solo Google!) può creare un'applicazione web che funzioni offline. Le applicazioni Web offline iniziano come applicazioni Web online e la prima volta che visiti un sito web abilitato offline, il server web dice al tuo browser di quali file ha bisogno per funzionare offline.

Questi file possono essere qualsiasi cosa: HTML, JavaScript, immagini e persino video. Una volta che il browser ha scaricato tutti i file necessari, puoi visitare nuovamente il sito web anche se non sei connesso a Internet. Il tuo browser noterà che sei offline e utilizza i file che ha già scaricato.

Quando torni online, tutte le modifiche che hai apportato possono essere caricate sul server web remoto. Se il browser supporta le applicazioni Web offline, sarà presente una proprietà `applicationCache` sull'oggetto `window` globale. Se il tuo browser non supporta le applicazioni web offline, la proprietà `applicationCache` non sarà definita.

Puoi verificare il supporto offline con la seguente funzione:

```
function supporta_offline() {
 return !!window.applicationCache;
}
```

Geolocalizzazione

La geolocalizzazione è l'arte di capire dove ti trovi nel mondo e (facoltativamente) condividere tali informazioni con persone di cui ti fidi. Ci sono molti modi per capire dove ti trovi: il tuo indirizzo IP, la tua connessione di rete wireless, a quale torre è agganciato il tuo telefono o hardware GPS dedicato che riceve informazioni di latitudine e longitudine dai satelliti nel cielo.

La geolocalizzazione fa parte di HTML5? Il supporto per la geolocalizzazione viene aggiunto ai browser in questo momento, insieme al supporto per le nuove funzionalità HTML5. A rigor di termini, la geolocalizzazione viene standardizzata dal gruppo di lavoro sulla geolocalizzazione, che è separato dal gruppo di lavoro HTML5 ma in questo libro parlerò comunque della geolocalizzazione, perché fa parte dell'evoluzione del Web che sta avvenendo ora.

Se il tuo browser supporta l'API di geolocalizzazione, ci sarà una proprietà di geolocalizzazione sull'oggetto navigatore globale. Se il tuo browser non supporta l'API di geolocalizzazione, la proprietà di geolocation non sarà definita. Ecco come verificare il supporto per la geolocalizzazione:

```
function supporta_geolocation() {
  return !!navigator.geolocation;
}
```

Tipo di input

Hai già usato i form web, giusto? Crea un `<form>`, aggiungi alcuni elementi `<input type = "text">` e forse un `<input type = "password">` e terminalo con un pulsante `<input type = "submit">`.

Non ne conosci la metà di quelli disponibili. HTML5 definisce oltre una dozzina di nuovi tipi di input che puoi utilizzare nei tuoi form. Vediamo a cosa servono:

`<input type="search">`	per le caselle di ricerca
`<input type="number">`	per inserire solo numeri
`<input type="range">`	per gli slider
`<input type="color">`	per selezionare un colore
`<input type="tel">`	per i numeri di telefono
`<input type="url">`	per gli indirizzi Web

`<input type="email">`	per le e-mail
`<input type="date">`	per scegliere una data
`<input type="month">`	per scegliere un mese
`<input type="week">`	per scegliere una settimana
`<input type="time">`	per un timestamp
`<input type="datetime">`	per date / timestamp precisi e assoluti
`<input type="datetime-local">`	per data e ora locali

Microdata

I microdati sono un modo standardizzato per fornire semantica aggiuntiva nelle tue pagine web. Ad esempio, puoi utilizzare i microdati per dichiarare che una fotografia è disponibile con una specifica licenza Creative Commons. Come vedrai in seguito, puoi anche utilizzare i microdati per contrassegnare una pagina "Informazioni su di me".

I browser, le estensioni del browser e i motori di ricerca possono convertire il markup dei microdati HTML5 in un file vCard, un formato standard per la condivisione delle informazioni di contatto, inoltre, puoi anche definire i tuoi vocabolari dei microdati.

Lo standard dei microdati HTML5 include sia il markup HTML (principalmente per i motori di ricerca) che una serie di funzioni DOM (principalmente per i browser). Non c'è nulla di male nell'includere il markup dei microdati nelle tue pagine web; non sono altro che pochi attributi ben posizionati, i motori di ricerca che non comprendono gli attributi dei microdati semplicemente li ignoreranno.

Tuttavia, se devi accedere o manipolare i microdati tramite il DOM, dovrai verificare se il browser supporta l'API DOM dei microdati. Se il tuo browser supporta l'API dei microdati HTML5, ci sarà una funzione `getItems()` sull'oggetto `document` globale. Se il tuo browser non supporta i microdati, la funzione `getItems()` non sarà definita. Puoi verificare il supporto come segue:

```
function supporta_microdata_api() {
  return !!document.getItems;
}
```

Capitolo 2: Video e HTML

Chiunque abbia visitato YouTube negli ultimi anni sa che puoi incorporare video in una tua pagina web. Prima di HTML5, non esisteva un modo basato su uno standard per far ciò. Praticamente tutti i video che hai visto "sul Web" sono stati incanalati attraverso un plug-in di terze parti, forse QuickTime, forse RealPlayer, forse Flash. Questi plug-in si integrano con il tuo browser molto bene tanto da non renderti nemmeno conto che li stai utilizzando, finché non provi a guardare un video su una piattaforma che non supporta tale plug-in.

HTML5 definisce un modo standard per incorporare video in una pagina web, utilizzando un elemento `<video>`. Il supporto per l'elemento `<video>` è ancora in evoluzione. Ma non disperare! Ci sono alternative, fallback e opzioni in abbondanza.

Il supporto per l'elemento `<video>` stesso è in realtà solo una piccola parte della storia. Prima di poter parlare del video HTML5, devi prima capire un po' dei video stessi.

Potresti pensare ai file video come "file AVI" o "file MP4". In realtà, "AVI" e "MP4" sono solo formati contenitore. Proprio come un file ZIP può contenere qualsiasi tipo di file al suo interno, i formati dei contenitori video definiscono solo come memorizzare le cose al loro interno, non il tipo di dati archiviati.

Un file video di solito contiene più tracce: una traccia video (senza audio), oltre a una o più tracce audio (senza video). Le tracce sono generalmente correlate.

Una traccia audio contiene dei marcatori al suo interno per aiutare a sincronizzare l'audio con il video. Le singole tracce possono avere metadati, come le proporzioni di una traccia video o la lingua di una traccia audio. I contenitori possono anche contenere metadati, come il titolo del video stesso, la copertina del video, i numeri degli episodi (per i programmi televisivi) e così via.

Esistono molti formati di contenitori video. Alcuni dei più popolari includono:

- MPEG-4: Solitamente con estensione `.mp4` o `.m4v`. Il contenitore MPEG-4 è basato sul vecchio contenitore QuickTime di Apple (`.mov`).
- Flash Video: Di solito con estensione `.flv`. Flash Video è, ovviamente, utilizzato da Adobe Flash. Prima di Flash 9.0.60.184 questo era l'unico formato contenitore supportato da Flash. Le versioni più recenti di Flash

supportano anche il contenitore MPEG-4.

- Ogg: Solitamente con estensione `.ogv`. Ogg è uno standard che è compatibile con l'open source e non è ostacolato da alcun brevetto noto. Firefox, Chrome e Opera offrono un supporto nativo, senza plug-in specifici della piattaforma per il formato contenitore Ogg, video Ogg (chiamato "Theora") e audio Ogg (chiamato "Vorbis"). Sui sistemi desktop, Ogg è supportato da tutte le principali distribuzioni Linux e puoi usarlo su Mac e Windows installando rispettivamente i componenti QuickTime oi filtri DirectShow. È anche usabile con l'eccellente VLC su tutte le piattaforme.

- WebM: Con estensione `.webm`. WebM è un nuovo formato contenitore tecnicamente molto simile a un altro formato chiamato Matroska. WebM è stato annunciato al Google I/O 2010. È progettato per essere utilizzato esclusivamente con il codec video VP8 e il codec audio Vorbis. È supportato in modo nativo, senza plug-in specifici della piattaforma in Google Chrome, Mozilla Firefox e Opera.

- Audio Video Interleave: Solitamente con estensione `.avi`. Il formato contenitore AVI è stato inventato da Microsoft molto tempo fa, quando il fatto che i computer potessero riprodurre video era considerato piuttosto sorprendente. Non supporta ufficialmente molte delle funzionalità dei formati contenitore più recenti e non supporta ufficialmente alcun tipo di metadata video. Non supporta nemmeno la maggior parte dei moderni codec video e audio in uso oggi. Nel tempo, varie aziende hanno cercato di estenderlo in modi generalmente incompatibili per bypassare alcuni difetti ma si tratta di un formato in disuso.

Codec video

Quando parli di "guardare un video", probabilmente stai parlando di una combinazione di uno stream video e uno stream audio. Ma non hai due file diversi; hai solo "il video". Forse è un file AVI o un file MP4 che, come descritto nella sezione precedente, sono solo formati contenitore, come un file ZIP che contiene più tipi di file al suo interno.

Il formato contenitore definisce come memorizzare i flussi video e audio in un singolo file. Quando "guardi un video", il tuo lettore video esegue diverse operazioni contemporaneamente:

- Interpretazione del formato contenitore per scoprire quali tracce video e audio sono disponibili e come sono memorizzate nel file in modo che possa trovare i dati che devono essere decodificati in seguito

- Decodificare il flusso video e visualizzare una serie di immagini sullo schermo
- Decodificare il flusso audio e inviare il suono agli altoparlanti

Un codec video è un algoritmo mediante il quale viene codificato un flusso video. Il lettore video decodifica il flusso video in base al codec video quindi visualizza una serie di immagini, o "frame", sullo schermo. La maggior parte dei codec video moderni utilizza tutti i tipi di trucchi per ridurre al minimo la quantità di informazioni necessarie per visualizzare un fotogramma dopo il successivo.

Ad esempio, invece di memorizzare ogni singolo fotogramma (come screenshot), memorizzano solo le differenze tra i fotogrammi. La maggior parte dei video in realtà non cambia molto da un fotogramma all'altro, quindi questo consente tassi di compressione elevati, che si traducono in file di dimensioni inferiori.

Esistono codec video lossy e lossless. Il video senza perdita di dati (lossless) è troppo grande per essere utile sul Web, quindi vediamo i codec con perdita di dati (lossy). Con un codec video con perdita di dati, le informazioni vengono irrimediabilmente perse durante la codifica.

Come quando si copiava una cassetta audio, ogni volta che si codifica si perdono le informazioni sul video sorgente e la qualità viene degradata. Invece del "sibilo" di una cassetta audio, un video ricodificato può apparire a blocchi, specialmente durante le scene con molto movimento.

Il lato positivo è che i codec video lossy possono offrire incredibili tassi di compressione e molti offrono trucchi per smussare quel blocco durante la riproduzione e rendere la perdita meno evidente all'occhio umano. Ci sono tantissimi codec video ma i tre codec più rilevanti sono H.264, Theora e VP8.

Codec audio

A meno che tu non ti limiti a film realizzati prima del 1927 o giù di lì, vorrai una traccia audio nel tuo video. Come i codec video, i codec audio sono algoritmi di codifica, in questo caso utilizzati per i flussi audio. Come con i codec video, esistono codec audio lossy e lossless. E come i video lossless, l'audio lossless è davvero troppo grande per essere messo sul Web, quindi esaminiamo i codec audio lossy.

In realtà, possiamo restringere ulteriormente il focus, perché ci sono diverse categorie di codec audio con perdita. L'audio viene utilizzato in diversi campi (telefonia, ad esempio) ed esiste un'intera categoria di codec audio ottimizzati per la codifica del parlato. Non copieresti un CD musicale con questi codec, perché il risultato sarebbe simile ad come un bambino di quattro anni che canta in vivavoce, li useresti in un **PBX Asterisk**, perché la larghezza di banda è preziosa e questi codec possono comprimere il linguaggio umano in una frazione delle dimensioni dei codec generici.

Tuttavia, a causa della mancanza di supporto sia nei browser nativi che nei plug-in di terze parti, i codec audio ottimizzati per il parlato non sono mai realmente decollati sul Web. Quindi mi concentrerò sui codec audio lossy generici.

Come accennato in precedenza, quando "guardi un video", il tuo computer esegue diverse operazioni contemporaneamente:

1. Interpretazione del formato contenitore
2. Decodifica del flusso video

3. Decodifica del flusso audio e invio del suono agli altoparlanti

Il codec audio specifica come eseguire il terzo step: decodificare il flusso audio e trasformarlo in forme d'onda digitali che gli altoparlanti poi trasformano in suono.

Come con i codec video, ci sono alcuni trucchi per ridurre al minimo la quantità di informazioni memorizzate nel flusso audio. E poiché stiamo parlando di codec audio con perdita di dati, le informazioni vengono perse durante la registrazione $\rightarrow$ codifica $\rightarrow$ decodifica $\rightarrow$ ciclo di vita dell'ascolto.

I codec audio diversi buttano via cose diverse, ma hanno tutti lo stesso scopo: indurre le tue orecchie a non notare le parti mancanti. Un concetto presente per l'audio ma che il video non ha, sono i canali. Stiamo inviando il suono ai tuoi altoparlanti, giusto? Bene, quanti altoparlanti hai? Se sei seduto al computer, potresti averne solo due: uno a sinistra e uno a destra.

Il mio desktop ne ha tre: sinistra, destra e un altro sul pavimento. I cosiddetti sistemi "surround" possono avere sei o più altoparlanti, posizionati strategicamente nella stanza, in tal caso, ogni altoparlante riceve un particolare canale della registrazione originale.

La teoria è che puoi sederti al centro dei sei altoparlanti, letteralmente circondato da sei canali di suono separati e il tuo cervello li sintetizza e ti fa sentire come se fossi nel mezzo dell'azione. Funziona? Un'industria multimiliardaria sembra pensarla così. La maggior parte dei codec audio generici può gestire due canali audio.

Durante la registrazione, il suono viene suddiviso in canali sinistro e destro; durante la codifica, entrambi i canali vengono memorizzati nello stesso flusso audio e durante la decodifica, entrambi i canali vengono decodificati e ciascuno viene inviato all'altoparlante appropriato. Alcuni codec audio possono gestire più di due canali e tengono traccia dei canali in modo che il lettore possa ricevere il suono giusto all'altoparlante corretto.

Ci sono molti codec audio, ma sul Web ce ne sono solo tre che devi conoscere: MP3, AAC e Vorbis.

Tag e HTML

Allora dov'è il markup? HTML5 ti offre due modi per includere video nella tua pagina web ed entrambi coinvolgono l'elemento `<video>`. Se hai solo un file video, puoi semplicemente collegarlo ad esso in un attributo `src`.

Ciò è notevolmente simile all'inclusione di un'immagine con un tag `<img src = "...">`.

```
<video src = "file.webm"></video>
```

Tecnicamente, è tutto ciò di cui hai bisogno. Ma proprio come in un tag `<img>`, dovresti sempre includere gli attributi `width` e `height` nei tag `<video>`. Tali attributi possono essere specificati durante il processo di codifica:

```
<video src = "file.webm" width = "320"
height = "240"></video>
```

Non preoccuparti se una dimensione del video è un po' più piccola di quella specificata. Il tuo browser centrerà il video all'interno della casella definita dal tag `<video>`. Non sarà mai stirato o sproporzionato.

Per impostazione predefinita, l'elemento `<video>` non esporrà alcun tipo di controllo del lettore. Puoi creare i tuoi controlli con semplici HTML, CSS e JavaScript. L'elemento `<video>` ha metodi integrati come `play()` e `pause()` e una proprietà di lettura / scrittura chiamata `current Time`. Sono inoltre disponibili le proprietà `volume` e `muted` quindi hai davvero tutto ciò di cui hai bisogno per costruire la tua interfaccia.

Se non desideri creare la tua interfaccia, puoi dire al browser di visualizzare un insieme di controlli integrati. Per fare ciò, includi l'attributo `controls` nel tag `<video>`:

```
<video src = "file.webm" width = "320"
height = "240" controls> </video>
```

Ci sono altri due attributi facoltativi che desidero menzionare: `preload` e `autoplay`. L'attributo `preload` dice al browser che desideri che inizi a scaricare il file video non appena la pagina viene caricata. Questo ha senso se l'unico scopo della pagina è visualizzare il video. D'altra parte, se si tratta solo di materiale supplementare che solo pochi visitatori guarderanno, puoi impostare il `preload` su `none` per dire al browser di ridurre al minimo il traffico di rete.

Ecco un esempio di un video che inizierà il download (ma non la riproduzione) non appena la pagina verrà caricata:

```
<video src = "file.webm" width = "320"
height = "240" preload> </video>
```

Ed ecco un esempio di un video che non inizierà il download non appena la pagina viene caricata:

```
<video src = "file.webm" width = "320"
height = "240" preload = "none">
</video>
```

L'attributo `autoplay` è auto-esplicativo: dice al browser che desideri iniziare a scaricare il file video non appena viene caricata la pagina e che desideri iniziare la riproduzione del video automaticamente il prima possibile. Alcune persone lo adorano; alcune persone lo odiano ma lasciami spiegare perché è importante avere un attributo come questo in HTML5.

Ecco un esempio di un video che inizierà a essere scaricato e riprodotto il prima possibile dopo il caricamento della pagina:

```
<video src = "file.webm" width = "320"
height = "240" autoplay> </video>
```

Capitolo 3:
Geolocalizzazione

La geolocalizzazione è l'arte di capire dove ti trovi nel mondo e in modo facoltativo condividere tali informazioni con persone di cui ti fidi.

La geolocalizzazione sembra spaventosa, è possibile disattivarla? La privacy è un tema molto importante quando si tratta di condividere la tua posizione fisica con un server web remoto. L'API di geolocalizzazione afferma esplicitamente: "Gli user-agent non devono inviare informazioni sulla posizione ai siti Web senza l'espresso consenso dell'utente". In altre parole, se non desideri condividere la tua posizione, non è necessario.

L'API di geolocalizzazione ti consente di condividere la tua posizione con siti Web affidabili. La latitudine e la longitudine sono disponibili sulla pagina per JavaScript, che a sua volta può inviare tali informazioni al server web remoto e fare cose interessanti, riconoscono la posizione e possono trovare attività commerciali locali o mostrare la tua posizione su una mappa. L'API di geolocalizzazione è supportata in molti dei principali browser su desktop e dispositivi mobile. Inoltre, alcuni browser e dispositivi meno recenti possono essere supportati dalle librerie wrapper. Oltre al supporto per l'API di geolocalizzazione standard, ci sono una miriade di API specifiche per dispositivo su altre piattaforme mobile.

L'API di geolocalizzazione è incentrata su una nuova proprietà dell'oggetto globale `navigator`: `navigator.geolocation`. L'utilizzo più semplice dell'API di geolocalizzazione è simile a questo:

```
function geolocalizza() {
navigator.geolocation.getCurrentPosition
(mostra_mappa);
}
```

Come ho accennato all'inizio di questo capitolo, il supporto per la geolocalizzazione è opt-in, ciò significa che il tuo browser non ti costringerà mai a rivelare la tua posizione fisica attuale a un server remoto.

L'esperienza utente varia da browser a browser. In Mozilla Firefox, chiamando la funzione `getCurrentPosition()` dell'API `geolocation`, il browser visualizzerà una "barra delle informazioni" nella parte superiore della finestra del browser.

In qualità di utente finale, tu:

- sarai informato che un sito web vuole conoscere la tua posizione
- sarai informato su quale sito web vuole conoscere la tua posizione
- puoi fare clic sulla pagina di aiuto di Mozilla, che spiega cosa sta succedendo
- puoi scegliere di condividere la tua posizione
- puoi scegliere di non condividere la tua posizione
- puoi dire al tuo browser di ricordare la tua scelta (di condividere o non condividere) in modo da non vedere mai più questa barra delle informazioni su questo sito Web

Inoltre, questa barra delle informazioni è:

- non modale, quindi non ti impedirà di passare a un'altra finestra o scheda del browser
- specifica per scheda, quindi scomparirà se passi a un'altra finestra o scheda del browser e riapparirà quando torni alla scheda originale
- incondizionata, quindi non c'è un modo per aggirarla
- bloccante, quindi non c'è la possibilità che il sito web possa determinare la tua posizione mentre è in attesa della tua risposta

Callback

Hai appena visto il codice JavaScript che fa apparire questa barra delle informazioni. È una singola chiamata di funzione che accetta una funzione di callback (che ho chiamato `mostra_mappa()`). La chiamata a `getCurrentPosition()` restituirà il controllo al chiamante immediatamente, ma ciò non significa che tu abbia accesso alla posizione dell'utente. La prima volta che hai la certezza di avere le informazioni sulla posizione è nella funzione di callback, che nel mio caso ha questo aspetto:

```
function mostra_mappa(position) {
 var latitudine =
position.coords.latitude;
 var longitudine =
position.coords.longitude;
 // usa questi dati in modo interessante
}
```

La funzione di callback verrà chiamata con un unico parametro, un oggetto con due proprietà: `coords` e `timestamp`. Il timestamp è proprio questo, la data e l'ora in cui è stata calcolata la posizione. Poiché tutto questo avviene in modo asincrono, non puoi sapere in anticipo quando accadrà. Potrebbe essere necessario del tempo prima che l'utente legga la barra delle informazioni e accetti di condividere la sua posizione, i dispositivi potrebbero richiedere del tempo per connettersi a un satellite GPS ecc.

L'oggetto `coords` ha proprietà come `latitude` e `longitude` che rappresentano la posizione fisica dell'utente nel mondo.

Errori

La geolocalizzazione è complicata, tante cose possono andare storte. Se la tua applicazione web ha bisogno della posizione dell'utente ma l'utente non vuole fornirla, cosa fare? L'utente vince sempre. Ma come appare nel codice?

Il secondo argomento della funzione `getCurrentPosition()` accetta una funzione di callback per la gestione degli errori:

```
navigator.geolocation.getCurrentPosition
(mostra_mappa, gestisci_errore)
```

Se qualcosa va storto, la tua funzione di callback di errore verrà chiamata con un oggetto `PositionError`, composto da `code` e `message`. La proprietà `code` sarà una delle seguenti:

- `PERMISSION_DENIED` (1) se l'utente fa clic sul pulsante "Non condividere" o ti nega in altro modo l'accesso alla sua posizione.

- `POSITION_UNAVAILABLE` (2) se la rete è inattiva o non è possibile contattare i satelliti di posizionamento.

- `TIMEOUT` (3) se la rete è attiva ma impiega troppo tempo per calcolare la posizione dell'utente.

- `UNKNOWN_ERROR` (0) se qualcos'altro va storto.

Alta precisione

Alcuni dispositivi mobile, come iPhone e telefoni Android, supportano due metodi per capire dove ti trovi. Il primo metodo triangola la tua posizione in base alla tua vicinanza a diverse torri cellulari gestite dal tuo operatore telefonico. Questo metodo è veloce e non richiede alcun hardware GPS dedicato ma ti dà solo un'idea approssimativa di dove ti trovi. A seconda di quante torri cellulari ci sono nella tua zona, questa "idea approssimativa" potrebbe essere precisa fino a un solo isolato o fino a un chilometro in ogni direzione.

Il secondo metodo utilizza effettivamente hardware GPS dedicato sul dispositivo per parlare con satelliti di posizionamento GPS dedicati e in orbita attorno alla Terra. Solitamente il GPS può localizzare la tua posizione con un errore di pochi metri. Lo svantaggio è che il chip GPS dedicato sul tuo dispositivo assorbe molta energia, quindi i telefoni e altri dispositivi mobili generici di solito disattivano questa funzione finché non è necessaria.

Ciò significa che ci sarà un ritardo nell'avvio fino a quando il chip inizializza la sua connessione con i satelliti GPS nel cielo. Se hai mai utilizzato Google Maps su un iPhone o un altro smartphone, hai visto entrambi i metodi all'opera. Prima vedi un cerchio che approssima la tua posizione (trovando la torre cellulare più vicina), poi un cerchio più piccolo (triangolando con altre torri cellulari), quindi un singolo punto con una posizione esatta (data dai satelliti GPS).

Il motivo per cui lo menziono è che, a seconda dell'applicazione Web, potrebbe non essere necessaria un'elevata precisione.

La funzione `getCurrentPosition()` accetta un terzo argomento opzionale, un oggetto `PositionOptions`. Sono disponibili diverse proprietà che è possibile impostare in questo oggetto e sono tutte opzionali; puoi impostarne una, tutte o nessuna. La proprietà `enableHighAccuracy`, se impostata su `true`, il dispositivo può supportarlo e l'utente acconsente a condividere la sua posizione esatta, consentirà al dispositivo di fornire alta precisione.

La proprietà `timeout`, invece, specifica il numero di millisecondi che la tua applicazione web è disposta ad attendere per ottenere la posizione. Questo timer non inizia il conto alla rovescia fino a quando l'utente non dà il permesso di provare a calcolare la sua posizione. Non stai cronometrando l'utente; stai cronometrando la rete.

Capitolo 4: Local storage

L'archiviazione locale persistente (local storage) è una delle aree in cui le applicazioni client native hanno tradizionalmente mantenuto un vantaggio rispetto alle applicazioni web. Per le applicazioni native, il sistema operativo fornisce in genere un livello di astrazione per archiviare e recuperare dati specifici dell'applicazione come le preferenze o lo stato di runtime.

Questi valori possono essere memorizzati nel registro, nei file INI, nei file XML o in qualche altro posto, in base alla convenzione della piattaforma. Se l'applicazione client nativa necessita di archiviazione locale oltre le coppie chiave / valore, è possibile incorporare il proprio database, inventare un proprio formato di file o implementare un numero qualsiasi di altre soluzioni.

Storicamente, le applicazioni web non hanno mai avuto nessuno di questi privilegi. I cookie sono stati inventati all'inizio del Web e in effetti possono essere utilizzati per l'archiviazione locale persistente di piccole quantità di dati. Ma hanno molti aspetti negativi potenzialmente dannosi:

- sono inclusi in ogni richiesta HTTP, rallentando così la tua applicazione web trasmettendo inutilmente gli stessi dati più e più volte.
- sono inclusi in ogni richiesta HTTP, inviando così dati non crittografati su Internet (a meno che l'intera applicazione web non sia servita su SSL).

- sono limitati a circa 4 KB di dati, sufficienti per rallentare l'applicazione, ma non sufficienti per essere utili.

Quello che vogliamo veramente è:

- tanto spazio di archiviazione sul client
- che persista nonostante un aggiornamento della pagina
- non venga trasmesso al server.

Ci sono stati diversi tentativi per raggiungere questo obiettivo, tutti alla fine insoddisfacenti in modi diversi. Quello che io chiamo "HTML5 Storage" è in realtà una specifica chiamata Web Storage. Un tempo faceva parte della specifica HTML5 vera e propria, ma è stata suddivisa in una specifica propria per motivi politici poco interessanti. Alcuni fornitori di browser lo chiamano anche "Archiviazione locale" o "Archiviazione DOM".

Allora, cos'è lo storage HTML5? In poche parole, è un modo per le pagine web di memorizzare le coppie chiave / valore denominate localmente, all'interno del browser web del client.

Come i dati memorizzati nei cookie, questi dati restano disponibili anche dopo aver chiuso la scheda del browser, essere uscito dal browser o altro. Ma a differenza dei cookie, questi dati non vengono mai trasmessi al server web remoto (a meno che tu non faccia di tutto per inviarli manualmente).

A differenza di tutti i precedenti tentativi di fornire archiviazione locale persistente, è implementato in modo nativo nei browser Web. HTML5 è supportato dalle ultime versioni di quasi tutti i browser... anche Internet Explorer! Dal tuo codice JavaScript, accederai allo storage HTML5 tramite l'oggetto `localStorage` nell'oggetto globale `window`.

Come usarlo

Prima di poterlo utilizzare, è necessario rilevare se il browser lo supporta:

```
function supporta_html5_storage() {
 return ('localStorage' in window) &&
window['localStorage'] !== null;
}
```

L'archiviazione HTML5 si basa su coppie chiave / valore denominate. Memorizza i dati in base a una chiave denominata, quindi puoi recuperarli con la stessa chiave:

```
interface Storage {
 getter any getItem(in DOMString key);
 setter creator void setItem(in
DOMString key, in any data);
};
```

I dati possono essere di qualsiasi tipo supportato da JavaScript, incluse stringhe, booleani, interi o float, tuttavia, i dati vengono effettivamente memorizzati come stringa. Se stai archiviando e recuperando qualcosa di diverso da stringhe, dovrai usare funzioni come `parseInt()` o `parseFloat()` per forzare i dati recuperati nel tipo di dati JavaScript previsto.

La chiamata a `setItem()` con una chiave già esistente sovrascriverà il valore precedente senza alcun avviso. La chiamata a `getItem()` con una chiave inesistente restituirà `null` anziché generare un'eccezione.

Come altri oggetti JavaScript, puoi trattare l'oggetto `localStorage` come un array associativo. Invece di usare i metodi `getItem()` e `setItem()`, puoi semplicemente usare le parentesi quadre. Ad esempio, questo snippet di codice:

```
var test =
localStorage.getItem("prova");
// ...
localStorage.setItem("prova", test);
```

```
// equivale a...

var test = localStorage["prova"];
// ...
localStorage["prova"] = test;
```

Esistono anche metodi per rimuovere il valore
per una determinata chiave e cancellare
l'intera area di archiviazione (ovvero,
eliminare tutte le chiavi e i valori
contemporaneamente):

```
interface Storage {
  deleter void removeItem(in DOMString
key);
  void clear();
};
```

Chiamare removeItem() con una chiave
inesistente non farà nulla. Infine, c'è una
proprietà per ottenere il numero totale di valori
nell'area di archiviazione e per iterare tutte le
chiavi per indice (per ottenere il nome di
ciascuna chiave):

```
interface Storage {
 readonly attribute unsigned long
length;
 getter DOMString key(in unsigned long
index);
};
```

Limiti

Tuttavia, anche questo meccanismo non è esente da problemi. Per impostazione predefinita, ogni sito di origine riceve 5 MB come spazio di archiviazione. Questo aspetto è sorprendentemente coerente tra i browser, sebbene sia solo un suggerimento nelle specifiche di archiviazione HTML5.

Una cosa da tenere a mente è che stai archiviando stringhe e non dati nel loro formato originale. Se stai memorizzando molti numeri interi o float, la differenza nella rappresentazione può davvero essere importante: ogni cifra in un float viene memorizzata come un carattere e non nella normale rappresentazione di un numero in virgola mobile.

Se superi la quota di archiviazione, verrà generata un'eccezione di tipo `QUOTA_EXCEEDED_ERR`. Ti starai chiedendo: "Posso chiedere all'utente più spazio di archiviazione?" Al momento, nessun browser supporta alcun meccanismo per consentire agli sviluppatori web di richiedere più spazio di archiviazione. Alcuni browser, come Opera, consentono all'utente di controllare la quota di archiviazione di ogni sito ma è un'azione avviata dall'utente, non qualcosa che tu come sviluppatore web puoi incorporare nella tua applicazione.

Capitolo 5: Applicazioni offline

Cos'è un'applicazione web offline? A prima vista, sembra una contraddizione di termini. Le pagine Web sono pagine che scarichi e visualizzi e il download implica una connessione di rete. Come puoi scaricare una pagina se sei offline?

Certo che non puoi ma puoi scaricarla quando sei online ed è così che funzionano le applicazioni offline HTML5. Nella sua forma più semplice, un'applicazione web offline è solo un elenco di URL che puntano a file HTML, CSS o JavaScript, immagini o qualsiasi altro tipo di risorsa che potrebbe essere presente. La home page dell'applicazione web offline punta a questo elenco, chiamato file manifest, che è solo un file di testo situato altrove sul server web.

Un browser Web che implementa le applicazioni offline HTML5 leggerà l'elenco degli URL dal file manifest, scaricherà le risorse, le memorizzerà nella cache locale e manterrà automaticamente aggiornate le copie locali man mano che cambiano. Quando si tenta di accedere all'applicazione Web senza una connessione di rete, il browser Web passerà automaticamente all'uso delle copie locali. Da quel momento in poi, la maggior parte del lavoro dipende da te, come sviluppatore web.

C'è un flag nel DOM che ti dirà se sei online o offline e ci sono eventi che si attivano quando il tuo stato cambia (perché un minuto potresti essere offline e il minuto successivo online, o viceversa).

Se la tua applicazione crea dati o salva lo stato, spetta a te memorizzare i dati in locale quando sei offline e sincronizzarli con il server remoto una volta ritornato online. In altre parole, HTML5 può portare offline la tua applicazione web ma ciò che fai una volta che sei lì dipende da te.

Cache

Un'applicazione Web offline ruota attorno a un file manifest della cache. Come ho già detto, questo file è un elenco di tutte le risorse a cui la tua applicazione web potrebbe aver bisogno di accedere quando è disconnessa dalla rete. Per avviare il processo di download e memorizzazione nella cache di queste risorse, devi puntare al file manifest, utilizzando l'attributo manifest sul tuo elemento `<html>`:

```
<!DOCTYPE HTML>
<html manifest="/cache.manifest">
<body>
...
</body>
</html>
```

Il file manifest della cache può essere posizionato ovunque sul server Web, ma deve essere servito con il tipo di contenuto `text/cache-manifest`. Se stai utilizzando un server web basato su Apache, probabilmente puoi semplicemente inserire una direttiva `AddType` nel file `.htaccess` nella tua directory web principale:

```
AddType text/cache-manifest .manifest
```

Quindi assicurati che il nome del file manifest della cache termini con `.manifest`. Se utilizzi un server web diverso o una configurazione diversa di Apache, consulta la documentazione del tuo server sul controllo dell'intestazione `Content-Type`.

OK, quindi ognuna delle tue pagine HTML punta al file manifest della cache e il file manifest della cache viene servito con l'intestazione `Content-Type` appropriata.

Ma cosa c'è nel file manifest? È qui che le cose si fanno interessanti. La prima riga di ogni file manifest della cache è questa:

Dopodiché, tutti i file manifest sono divisi in tre parti: la sezione "esplicita", la sezione "fallback" e la "whitelist online". Ogni sezione ha un'intestazione, su una propria riga. Se il file manifest non ha intestazioni relative alla sezione, tutte le risorse elencate sono implicitamente nella sezione "esplicita".

Cerca di non soffermarti sulla terminologia, ecco un file manifest valido che elenca tre risorse: un file CSS, un file JavaScript e un'immagine JPEG:

CACHE MANIFEST

/orologio.css

/orologio.js

/orologio-img.jpg

Questo file manifest della cache non ha intestazioni di sezione, quindi tutte le risorse elencate sono nella sezione "esplicita" per impostazione predefinita. Le risorse nella sezione "esplicita" verranno scaricate e memorizzate nella cache locale e verranno utilizzate al posto delle loro controparti online ogni volta che ci si disconnette dalla rete.

Pertanto, al caricamento di questo file manifest della cache, il browser scaricherà `orologio.css`, `orologio.js` e `orologio-img.jpg` dalla directory principale del server web. È quindi possibile scollegare il cavo di rete, aggiornare la pagina e tutte queste risorse saranno disponibili offline.

Devo elencare le mie pagine HTML nel file manifest della cache? Sì e no. Se l'intera applicazione Web è contenuta in una singola pagina, assicurati che la pagina punti al manifest della cache utilizzando l'attributo appropriato. Quando si accede a una pagina HTML con un attributo manifest, si presume che la pagina stessa faccia parte dell'applicazione web, quindi non è necessario elencarla nel file manifest stesso.

Tuttavia, se la tua applicazione web occupa più pagine, dovresti elencare tutte le pagine HTML nel file manifest; altrimenti il browser non saprà che ci sono altre pagine HTML che devono essere scaricate e memorizzate nella cache.

Fallback

C'è un altro tipo di sezione in un file manifest della cache: una sezione di fallback. In questa sezione, puoi definire le sostituzioni per le risorse online che, per qualsiasi motivo, non possono essere memorizzate nella cache o non sono state memorizzate correttamente nella cache. La specifica HTML5 offre questo esempio di utilizzo di una sezione di fallback:

```
CACHE MANIFEST

FALLBACK:

/ /offline.html
```

Cosa fa questo codice? Innanzitutto, considera un sito che contiene milioni di pagine, come Wikipedia. Non potresti scaricare l'intero sito, né vorresti farlo ma supponiamo di poter rendere disponibile una parte di esso offline. Come decideresti quali pagine memorizzare nella cache?

Che ne dici di questo: ogni pagina che hai visitato su Wikipedia abilitata offline verrebbe scaricata e memorizzata nella cache. Ciò includerebbe ogni voce dell'enciclopedia che tu abbia mai visitato, ogni pagina di discussione e ogni pagina di modifica (dove puoi effettivamente apportare modifiche a quella particolare voce). Questo è ciò che fa questo file manifest della cache.

Supponiamo che ogni pagina HTML su Wikipedia (voce, pagina di discussione, pagina di modifica, pagina di cronologia) puntasse a questo file manifest della cache. Quando visiti una pagina che punta a un manifest della cache, il tuo browser dice: "Questa pagina fa parte di un'applicazione web offline, ne sono a conoscenza?".

Se il tuo browser non ha mai scaricato questo particolare file manifest della cache, configurerà una nuova cache, scaricherà tutte le risorse elencate nel manifest della cache, quindi aggiungerà la pagina corrente a alla cache appena creata. Se il tuo browser conosce questo manifest della cache, aggiungerà semplicemente la pagina corrente alla cache esistente.

In ogni caso, la pagina che hai appena visitato finisce nella cache ed è questo l'importante. Significa che puoi avere un'applicazione web offline che aggiunge "pigramente" le pagine mentre le visiti. Non è necessario elencare tutte le tue pagine HTML nel file manifest della cache. La sezione fallback in questo manifest della cache contiene solo una riga.

La prima parte della riga (prima dello spazio) non è un URL, è un pattern URL. Il singolo carattere (/) corrisponderà a qualsiasi pagina del tuo sito, non solo alla home page. Quando provi a visitare una pagina mentre sei offline, il tuo browser la cercherà nella cache.

Se il tuo browser trova la pagina nella cache (perché l'hai visitata mentre sei online e la pagina è stata implicitamente aggiunta in quel momento), visualizzerà la copia cache della pagina. Se il tuo browser non trova la pagina nella cache, invece di visualizzare un messaggio di errore, visualizzerà la pagina `/offline.html`, come specificato nella seconda metà della riga nella sezione di fallback.

Questo esempio è completo? No. Wikipedia non è composto solo da semplici file HTML; utilizza CSS, JavaScript e immagini comuni su ogni pagina. Ognuna di queste risorse dovrebbe essere elencata esplicitamente nella sezione `CACHE`: del file manifest affinché le pagine vengano visualizzate e si comportino correttamente offline. Ma l'obiettivo della sezione fallback è che puoi avere un'applicazione web offline che si estende oltre le risorse che hai elencato esplicitamente nel file manifest.

Capitolo 6: Tipi di input

HTML5 definisce oltre una dozzina di nuovi tipi di input che puoi utilizzare nei tuoi form. Tutte queste nuove ed entusiasmanti funzionalità potrebbero non essere supportate in tutti i browser ma nei browser moderni, non dovresti avere problemi. Nei browser legacy, i tuoi form continueranno a funzionare, ma potrebbero avere qualche problema.

Ora esamineremo in dettaglio le funzionalità dei nuovi controlli del form, che sono stati aggiunti in HTML5 per consentire la raccolta di specifici tipi di dati. Poiché l'aspetto del controllo del form HTML può essere molto diverso dalle specifiche di un designer, gli sviluppatori Web a volte creano i propri controlli del form in modo personalizzato.

e-mail

Questo tipo di campo viene impostato utilizzando il valore email per l'attributo type:

```
<input type = "email" id = "email" name = "email">
```

Quando viene utilizzato questo tipo, l'utente deve digitare un indirizzo e-mail valido nel campo. Qualsiasi altro contenuto fa sì che il browser visualizzi un errore quando il form viene inviato.

Su alcuni dispositivi, in particolare i dispositivi touch con tastiere dinamiche come gli smartphone, potrebbe essere presentata una tastiera virtuale diversa e più adatta per l'inserimento di indirizzi e-mail, che include il tasto @. Questo è un altro buon motivo per utilizzare questi nuovi tipi di input, migliorando l'esperienza utente per gli utenti di questi dispositivi.

L'e-mail, insieme ad altri tipi di input più recenti, fornisce la convalida degli errori lato client integrata, eseguita dal browser prima che i dati vengano inviati al server. È un aiuto utile per guidare gli utenti a compilare accuratamente un form e può far risparmiare tempo: è utile sapere che i tuoi dati non sono corretti immediatamente, piuttosto che dover aspettare una verifica lato server.

Ma non dovrebbe essere considerata una misura di sicurezza esaustiva! Le tue app dovrebbero sempre eseguire controlli di sicurezza su tutti i dati inviati tramite form sia lato server che lato client, poiché la convalida lato client è troppo facile da disattivare, quindi gli utenti malintenzionati possono comunque inviare facilmente dati non validi al tuo server.

Tieni presente che `a@b` è un indirizzo e-mail valido in base ai vincoli forniti di default. Ciò è dovuto al fatto che il tipo di input di posta elettronica consente gli indirizzi di posta elettronica intranet per impostazione predefinita. Per implementare un diverso comportamento di convalida, puoi utilizzare l'attributo `pattern` e puoi anche personalizzare i messaggi di errore.

search

I campi di ricerca devono essere utilizzati per creare caselle di ricerca su pagine e app. Questo tipo di campo viene impostato utilizzando il valore `search` per l'attributo `type`:

```
<input type = "search" id = "search"
name = "search">
```

La differenza principale tra un campo di testo e un campo di ricerca è il modo in cui il browser ne definisce l'aspetto. Spesso, i campi di ricerca vengono visualizzati con bordi arrotondati; a volte visualizzano anche un Ⓧ, che cancella qualsiasi valore dal campo quando viene cliccato.

Inoltre, sui dispositivi con tastiere dinamiche, il tasto Invio della tastiera potrebbe diventare "Cerca" o visualizzare un'icona a forma di lente di ingrandimento. Un'altra caratteristica degna di nota è che i valori di un campo di ricerca possono essere salvati automaticamente e riutilizzati per offrire il completamento automatico su più pagine dello stesso sito web; questo accade automaticamente nella maggior parte dei browser moderni.

tel

È possibile creare un campo speciale per inserire i numeri di telefono utilizzando `tel` come valore dell'attributo `type`:

```
<input type = "tel" id = "tel" name = "tel">
```

Quando si accede tramite un dispositivo touch con una tastiera dinamica, la maggior parte dei dispositivi visualizzerà un tastierino numerico quando viene rilevato `type = "tel"`, il che significa che questo tipo è utile ogni volta che serve un tastierino numerico.

A causa dell'ampia varietà di formati di numeri di telefono in tutto il mondo, questo tipo di campo non impone alcun vincolo sul valore inserito da un utente (questo significa che può includere lettere, ecc.). Come accennato in precedenza, l'attributo `pattern` può essere utilizzato per applicare vincoli.

number

I controlli per l'immissione di numeri possono essere creati con un tipo di numero `<input>`. Questo tipo di input ha l'aspetto di un campo di testo ma consente l'inserimento solo di numeri a virgola mobile e in genere fornisce pulsanti sotto forma di una casella di selezione per aumentare e diminuire il valore del controllo. Sui dispositivi con tastiere dinamiche, generalmente viene visualizzata la tastiera numerica.

Con il tipo di input numerico, è possibile vincolare i valori minimo e massimo consentiti impostando gli attributi `min` e `max`.

È inoltre possibile utilizzare l'attributo `step` per impostare di quanto aumentare e diminuire il valore selezionato. Per impostazione predefinita, il tipo di input `number` convalida solo se il numero è un numero intero.

Per consentire i numeri in virgola mobile, specificare `step = "any"`. Se omesso, il valore predefinito è 1, il che significa che sono validi solo i numeri interi.

Diamo un'occhiata ad alcuni esempi, vediamo come creare un controllo numerico il cui valore è limitato a qualsiasi valore compreso tra 1 e 10 e i cui pulsanti cambiano il suo valore di 2:

```
<input type = "number" name = "eta" id = "eta" min = "1" max = "10" step = "2">
```

Capitolo 7: Microdata

Ci sono più di 100 elementi in HTML5, alcuni sono puramente semantici e altri sono solo contenitori per API con script. In tutta la storia dell'HTML, gli esperti di standard hanno discusso su quali elementi dovrebbero essere inclusi nel linguaggio. L'HTML dovrebbe includere un elemento `<figure>`? Un elemento `<person>`?

Vengono prese le decisioni, scritte le specifiche e gli sviluppatori le implementano e il Web diventa un posto migliore. Ovviamente, l'HTML non può piacere a tutti.

Ad esempio, non è presente alcun elemento `<person>` in HTML5. Non c'è nulla che ti impedisca di includere un elemento `<person>` in una pagina web, ma non sarà convalidato, non funzionerà in modo coerente su tutti i browser e potrebbe entrare in conflitto con le specifiche HTML future se venisse aggiunto in seguito. Quindi, se inventare i propri elementi non è la risposta, cosa deve fare un autore web incline alla semantica?

Ci sono stati tentativi di estendere le versioni precedenti di HTML. Il metodo più popolare è tramite l'uso dei microformati, che utilizzano gli attributi `class` e `rel` in HTML 4. Un'altra opzione è RDFa, che era stato originariamente progettato per essere utilizzato in XHTML. Sia i microformati che RDFa hanno i loro punti di forza e di debolezza, adottano approcci radicalmente diversi verso lo stesso obiettivo: estendere le pagine web con semantica aggiuntiva che non fa parte del linguaggio HTML di base.

Voglio concentrarmi su una terza opzione che fa parte e strettamente integrata nello stesso HTML5: i microdati.

Come funziona?

I microdati annotano il DOM con coppie nome/valore che fungono da vocabolari personalizzati. Ora cosa significa? I microdati sono incentrati sui vocabolari personalizzati. Pensa al "set di tutti gli elementi HTML5" come a un vocabolario, esso include elementi per rappresentare una sezione o un articolo, ma non include elementi per rappresentare una persona o un evento.

Se vuoi rappresentare una persona su una pagina web, dovrai definire il tuo vocabolario. I microdati ti consente di farlo infatti chiunque può definire un vocabolario di microdati e iniziare a incorporare proprietà personalizzate nelle proprie pagine web. La prossima cosa da sapere sui microdati è che funziona con le coppie nome / valore. Ogni vocabolario dei microdati definisce un insieme di proprietà denominate.

Ad esempio, un vocabolario Person potrebbe definire proprietà come nome e foto. Per includere una proprietà di microdati specifica nella tua pagina web, devi fornire il nome della proprietà in un luogo specifico. A seconda di dove si dichiara il nome della proprietà, i microdati hanno regole su come estrarre il valore della proprietà.

Insieme alle proprietà denominate, i microdati si basano in gran parte sul concetto di "scoping". Il modo più semplice per pensare all'ambito dei microdati è pensare alla naturale relazione genitore-figlio degli elementi nel DOM. L'elemento `<html>` di solito contiene due figli, `<head>` e `<body>`. L'elemento `<body>` di solito contiene più elementi secondari, ognuno dei quali può avere elementi figlio propri. Ad esempio, la tua pagina potrebbe includere un elemento `<h1>` all'interno di un elemento `<hgroup>` all'interno di un elemento `<header>` all'interno dell'elemento `<body>`. Allo stesso modo, una tabella dati potrebbe contenere elementi `<td>` all'interno di `<tr>` elementi all'interno di un elemento `<table>` (all'interno del `<body>`).

I microdati riutilizzano la struttura gerarchica del DOM stesso per fornire un modo per dire "tutte le proprietà all'interno di questo elemento sono prese da questo vocabolario". Ciò consente di utilizzare diversi vocabolari di microdati sulla stessa pagina. Puoi persino annidare i vocabolari dei microdati all'interno di altri vocabolari, il tutto riutilizzando la struttura naturale del DOM.

I microdati riguardano l'applicazione di semantica aggiuntiva ai dati già visibili sulla tua pagina web, infatti, non sono progettati per essere un formato dati autonomo.

Si tratta di un complemento all'HTML, infatti, i microdati funzionano meglio quando stai già utilizzando HTML correttamente ma il vocabolario HTML non è abbastanza espressivo.

I microdati sono ottimi per mettere a punto la semantica dei dati già presenti nel DOM. Se i dati che stai "semantificando" non fossero nel DOM, dovresti fare un passo indietro e rivalutare se i microdati sono la soluzione giusta.

Modello dei microdati

Definire il proprio vocabolario dei microdati è molto facile. Per prima cosa hai bisogno di uno spazio dei nomi, che è solo un URL. L'URL dello spazio dei nomi può puntare a una pagina web funzionante, anche se non è strettamente necessario.

Supponiamo che io voglia creare un vocabolario di microdati che descriva una persona. Se possiedo il dominio `pippo.org`, userò l'URL `https://pippo.org/Person` come spazio dei nomi per il mio vocabolario dei microdati. Questo è un modo semplice per creare un identificatore univoco globale: scegli un URL su un dominio che controlli.

In questo vocabolario, ho bisogno di definire alcune proprietà, ognuna associata ad un nome. Cominciamo con tre proprietà di base:

- nome (il nome completo dell'utente)
- foto (un link a un'immagine dell'utente)
- url (un collegamento a un sito associato all'utente, come un blog o un profilo Google)

Due di queste proprietà sono URL mentre l'altra è del semplice testo. Ognuna di esse si presta a una forma naturale di markup, anche prima di iniziare a pensare a microdati o vocabolari.

Immagina di avere una pagina profilo o una pagina "Informazioni". Il tuo nome è probabilmente contrassegnato come un'intestazione, come un elemento `<h1>`. La tua foto è probabilmente un elemento `<img>`, dal momento che vuoi che le persone la vedano e tutti gli URL associati al tuo profilo sono probabilmente già contrassegnati come collegamenti ipertestuali, perché desideri che gli utenti possano fare clic su di essi.

Supponiamo che l'intero profilo sia anche racchiuso in un elemento <section> per separarlo dal resto del contenuto della pagina. Quindi:

```
<section>
 <h1>Mario Rossi</h1>
 <p><img
src="https://www.miosito.org/foto.jpg"
alt="mia foto"></p>
 <p><a
href="https://miosito.org/">Informazioni
</a></p>
</section>
```

Il modello di dati è costituito da coppie nome / valore. Un nome di proprietà dei microdati (come nome, foto o URL in questo esempio) è sempre dichiarato su un elemento HTML. Il valore della proprietà corrispondente viene quindi preso dal DOM dell'elemento. Per la maggior parte degli elementi HTML, il valore della proprietà è semplicemente il contenuto di testo dell'elemento.

"Aggiungere microdati" alla tua pagina rimanda ad aggiungere alcuni attributi agli elementi HTML che hai già. La prima cosa è dichiarare il vocabolario dei microdati che stai utilizzando, aggiungendo un attributo `itemtype`.

La seconda cosa è dichiarare l'ambito del vocabolario, utilizzando un attributo `itemscope`.

In questo esempio, tutti i dati che vogliamo semantificare sono in un elemento `<section>`, quindi dichiareremo gli attributi `itemtype` e `itemscope` sull'elemento `<section>`:

```
<section itemscope itemtype =
"https://miosito.org/Person">
```

Il tuo nome è il primo set di dati all'interno dell'elemento `<section>`, è racchiuso in un elemento `<h1>`. Vediamo il codice:

```
<h1 itemprop = "name"> Mario Rossi </h1>
```

Questo dice: "Qui si trova la proprietà `name` : `https://miosito.org/Person`. Il valore della proprietà è `Mario Rossi`."

Il prossimo elemento da analizzare è la proprietà `photo` che dovrebbe essere un URL. Il "valore" di un elemento `<img>` è il suo attributo `src`. Ehi, guarda, l'URL della tua foto del profilo è già in un attributo `<img src>` quindi tutto quello che devi fare è dichiarare che l'elemento `<img>` è la proprietà di `photo`:

```
<p> <img itemprop = "photo" src =
"https://www.miosito.org/foto.jpg" alt =
"mia foto"> </p>
```

In inglese, questo dice: "Ecco la proprietà `photo` del vocabolario `https://miosito.org/Person`".

Il valore della proprietà è
"`https://www.miosito.org/foto.jpg`".

Infine, anche la proprietà `url` è un URL e il "valore" di un elemento `<a>` è il suo attributo `href`. Ancora una volta, questo si adatta perfettamente al tuo markup esistente. Tutto quello che devi fare è dire che il tuo elemento `<a>` esistente equivale alla proprietà `url`:

```
<a itemprop="url"
href="https://miosito.org/">Informazioni
</a>
```

In inglese, questo dice: "Ecco la proprietà `url` del solito vocabolario e il valore della proprietà è `https://miosito.org/`. " Naturalmente, se il tuo markup sembra leggermente diverso, non è un problema. Puoi aggiungere proprietà e valori dei microdati a qualsiasi markup HTML.

CSS

Premessa

I fogli di stile a cascata, in breve CSS, ti offrono un controllo creativo sul layout e sul design delle tue pagine web. Con i CSS, rendere il testo del tuo sito con titoli accattivanti, così come bordi e sfondi, è solo l'inizio. Puoi anche organizzare le immagini con precisione, creare colonne e banner ed evidenziare i tuoi collegamenti con effetti di dinamici. Puoi persino rendere gli elementi in dissolvenza in entrata o in uscita, spostare oggetti nella pagina o fare in modo che un pulsante cambi lentamente i colori quando un utente ci passa il mouse sopra.

Tutto ciò è piuttosto complicato, vero? Al contrario! L'idea alla base dei CSS è di semplificare il processo di styling delle pagine web.

Ricorda che CSS è un linguaggio di stile e lo usi per fare in modo che HTML, il linguaggio fondamentale di tutte le pagine web, abbia un bell'aspetto. Bene, si spera che utilizzerai i CSS per rendere le tue pagine web più che belle. Dopo aver letto questo libro, sarai in grado di rendere le tue pagine web belle, funzionali e facili da usare.

Pensa all'HTML come alla struttura di base dei tuoi contenuti e al CSS come a un designer che prende il tuo semplice HTML e lo arricchisce con un carattere di fantasia, un bordo con angoli arrotondati o uno sfondo rosso brillante. Ma prima di iniziare a conoscere i CSS, è necessario comprendere l'HTML quindi questo libro presume che tu abbia già una certa conoscenza di HTML.

Forse hai creato uno o due siti (o almeno una o due pagine) e hai una certa familiarità con il mare di tag - `<html>`, `<p>`, `<h1>`, `<table>` -

che compongono il markup ipertestuale Linguaggio.

CSS non può esistere senza HTML quindi devi sapere come creare una pagina web utilizzando HTML di base. Se in passato hai utilizzato HTML per creare pagine web, ma ritieni che la tua conoscenza sia un po' arrugginita, ti consiglio di rispolverare il libro di HTML.

Per creare pagine web composte da HTML e CSS, non serve altro che un editor di testo di base come Blocco note (Windows) o TextEdit (Mac) ma dopo aver digitato alcune centinaia di righe di HTML e CSS, potresti provare un programma più adatto a lavorare con le pagine web. Ecco alcuni programmi comuni, alcuni gratuiti ed alcuni che puoi acquistare. Ci sono molti programmi gratuiti là fuori per modificare pagine web e fogli di stile. Se stai ancora utilizzando Blocco note o TextEdit, prova uno di questi:

- Brackets (Windows, Mac, Linux). Guidato da Adobe, questo editor di testo gratuito e open source dispone di molti strumenti per lavorare con HTML e CSS. È scritto appositamente per web designer e sviluppatori.

- Atom (Windows, Mac, Linux). Un altro editor di testo gratuito e open source creato dalle persone dietro GitHub, il popolare sito di condivisione e collaborazione di codice. Come Brackets, questo nuovo editor di testo è rivolto agli sviluppatori web.

- jEdit (Windows, Mac, Linux). Questo editor di testo gratuito basato su Java funziona su tutti i computer e include molte funzionalità che potresti trovare negli editor di testo commerciali, come l'evidenziazione della sintassi per CSS.

- Notepad++ (Windows). Molte persone giurano fedeltà a questo veloce editor di testo. Ha anche funzionalità integrate che lo rendono ideale per la scrittura di HTML e CSS, come l'evidenziazione della sintassi, tag con codifica a colori e parole chiave speciali per semplificare l'identificazione degli elementi HTML e CSS della pagina.

I programmi di sviluppo di siti Web commerciali vanno da editor di testo poco costosi a strumenti di costruzione di siti Web completi con tutti gli strumenti più avanzati:

- EditPlus (Windows) è un editor di testo economico che include evidenziazione della sintassi, FTP, completamento automatico e altre funzioni per risparmiare il polso.

- skEdit (Mac) è un editor di pagine web poco costoso, completo di FTP / SFTP, suggerimenti sul codice e altre utili funzioni.

- Coda2 (Mac) è un toolkit di sviluppo web completo. Include un editor di testo, un'anteprima della pagina, FTP / SFTP e strumenti CSScreating grafici per la creazione di CSS.

- Sublime Text (Mac, Windows, Linux) è un potente editor di testo amato da molti programmatori web. Lo troverai spesso nelle società di web design.

- Dreamweaver (Mac e Windows) è un editor visivo di pagine web. Ti consente di vedere come appare la tua pagina in un browser web. Il programma include anche un potente editor di testo e ottimi strumenti di creazione e gestione CSS.

Capitolo 1: Le basi

CSS non è niente senza HTML. L'HTML fornisce alle pagine web contenuti e una struttura significativa e, sebbene possa non essere carino da solo, il Web non esisterebbe senza di esso, quindi, per ottenere il massimo dalla tua formazione CSS, devi sapere come scrivere HTML per creare una base solida e ben costruita.

Questo capitolo introduce le basi del CSS e mostra come scrivere HTML migliore e compatibile con i CSS. La buona notizia è che quando usi CSS in tutto il tuo sito, l'HTML diventa effettivamente più facile da scrivere. Non è necessario provare a trasformare del codice HTML con un design che non gli appartiene. CSS offre la maggior parte della progettazione grafica che probabilmente vorrai usare e le pagine HTML scritte per funzionare con CSS sono più facili da creare, poiché richiedono meno codice da scrivere. Queste pagine saranno anche più veloci da scaricare: un aspetto molto importante per i visitatori del tuo sito.

L'HTML fornisce le basi per ogni pagina che incontri sul Web. Quando aggiungi CSS, l'HTML diventa più semplice, perché non è necessario utilizzare tag HTML (come il vecchio tag `<font>`) per controllare l'aspetto di una pagina web, tutto quel lavoro è per CSS.

Ma prima di passare ai CSS, ecco una rapida panoramica del passato (e del presente) dell'HTML. Tutto sembrava funzionare bene quando un gruppo di scienziati ha creato il Web per condividere la loro documentazione tecnica, nessuno ha interpellato dei grafici. Tutto ciò che gli scienziati avevano bisogno di fare con HTML era strutturare le informazioni per una facile comprensione.

Ad esempio, il tag `<h1>` indica un titolo importante, mentre il tag `<h2>` rappresenta un'intestazione minore, di solito un sottotitolo del tag `<h1>`. Un altro preferito, il tag `<ol>` (elenco ordinato), crea un elenco numerato per cose come "I 10 veicoli più comprati del 2021" ma non appena persone diverse dagli scienziati hanno iniziato a utilizzare HTML, hanno voluto che le loro pagine web avessero un bell'aspetto.

Così i web designer hanno iniziato a utilizzare i tag per controllare l'aspetto piuttosto che le informazioni sulla struttura. Ad esempio, puoi utilizzare il tag `<blockquote>` (destinato a materiale citato da un'altra fonte) su qualsiasi testo per indentarlo un po'. Puoi utilizzare i tag di intestazione per rendere il testo più grande e più accattivante, indipendentemente dal fatto che funzioni come intestazione.

In una soluzione alternativa ancora più elaborata, i designer hanno imparato a utilizzare il tag `<table>` per creare colonne di testo e posizionare accuratamente immagini e testo su una pagina. Sfortunatamente, poiché il tag aveva lo scopo di visualizzare dati simili a fogli di lavoro (risultati di ricerca, orari dei treni e così via), i progettisti dovevano essere creativi utilizzando il tag `<table>` in modi insoliti, a volte annidando una tabella all'interno di una tabella all'interno di un'altra per dare un bell'aspetto alle loro pagine.

Nel frattempo, i produttori di browser hanno introdotto nuovi tag e attributi allo scopo specifico di migliorare l'aspetto di una pagina. Il tag `<font>`, ad esempio, ti consente di specificare un colore del carattere, un carattere tipografico e una delle sette diverse dimensioni. Infine, quando i designer non potevano ottenere esattamente ciò che volevano, spesso ricorrevano all'uso della grafica.

Ad esempio, per creare un'immagine di grandi dimensioni e layout esatti per gli elementi della pagina Web, hanno iniziato a suddividere i file Photoshop in file più piccoli per ricomporli all'interno delle tabelle per ricreare il design originale. Sebbene tutte le tecniche precedenti (utilizzo dei tag in modo creativo, sfruttamento degli attributi dei tag specifici del design e uso estensivo della grafica) forniscano il controllo del design sulle pagine, aggiungono anche molto codice HTML. Più codice rende il tuo sito più difficile da costruire e molto più lento per i tuoi visitatori.

Indipendentemente dal contenuto della tua pagina web, che sia il calendario della stagione di pesca, le indicazioni stradali per raggiungere l'IKEA o le immagini della festa di compleanno di tuo figlio, il design della pagina fa la differenza. Un buon design migliora il messaggio del tuo sito, aiuta i visitatori a trovare ciò che stanno cercando e determina come il resto del mondo vede il tuo sito web.

Ecco perché i web designer sono passati attraverso le contorsioni descritte nella sezione precedente per forzare l'HTML ad avere un bell'aspetto. Assumendosi questi compiti di progettazione, CSS consente all'HTML di tornare a fare ciò che sa fare meglio: strutturare il contenuto.

L'uso dell'HTML per controllare l'aspetto del testo e di altri elementi della pagina web è obsoleto. Non preoccuparti se il tag HTML `<h1>` è troppo grande per i tuoi gusti o gli elenchi puntati non sono spaziati correttamente. Puoi occupartene in seguito usando CSS, invece, pensa all'HTML come a un metodo per aggiungere una struttura al contenuto che desideri sul Web. Usa HTML per organizzare i tuoi contenuti e CSS per renderli fantastici.

Capitolo 2: Pensa nel modo giusto

Se sei un principiante nel web design, potresti aver bisogno di alcuni suggerimenti utili per usare HTML (e per evitare le tecniche HTML ben pensate ma obsolete). Oppure, se crei pagine web da un po' di tempo, potresti aver preso alcune cattive abitudini che faresti meglio a dimenticare. Il resto di questo capitolo ti introduce ad alcune abitudini di scrittura in HTML che ti renderanno orgoglioso del tuo lavoro e ti aiuteranno ad ottenere il massimo dal CSS.

HTML aggiunge significato al testo dividendolo logicamente e identificando il ruolo che svolge nella pagina: Ad esempio, il tag `<h1>` è l'introduzione più importante al contenuto di una pagina. Altre intestazioni ti consentono di dividere il contenuto in sezioni meno importanti ma correlate. Proprio come questo libro, una pagina web necessita di una struttura logica. Ogni capitolo di questo libro ha un titolo e diverse sezioni che, a loro volta, contengono sottosezioni più piccole.

Immagina quanto sarebbe difficile leggere queste pagine se le parole cadessero insieme come un unico e lungo paragrafo. L'HTML fornisce molti altri tag oltre alle intestazioni per contrassegnare il contenuto e identificarne il ruolo. (Dopo tutto, la M in HTML sta per markup.)

Tra i più popolari ci sono il tag `<p>` per i paragrafi di testo e il tag `<ul>` per la creazione di elenchi puntati (non numerati). I tag meno conosciuti possono indicare tipi di contenuti molto specifici, come `<abbr>` per le abbreviazioni e `<code>` per il codice del computer. Quando scrivi HTML per CSS, usa un tag che si avvicinino il più possibile al ruolo che il contenuto gioca nella pagina, non al modo in cui appare. Ad esempio, un mucchio di link in una barra di navigazione non è realmente un titolo e non è un normale paragrafo di testo.

È più simile a un elenco puntato di opzioni, quindi il tag `<ul>` è una buona scelta. Se stai pensando: "Ma gli elementi in un elenco puntato sono impilati verticalmente uno sopra l'altro e voglio una barra di navigazione orizzontale in cui ogni link si trova accanto al link precedente", non preoccuparti. Con CSS puoi convertire un elenco verticale di link in un'elegante barra di navigazione orizzontale.

Il variegato assortimento di tag HTML non copre l'ampia gamma di contenuti che probabilmente avrai su una pagina web. Certo, `<code>` è ottimo per contrassegnare il codice di un programma per computer, ma la maggior parte delle persone troverebbe un tag `<recipe>` più pratico, peccato che non esista. Fortunatamente, HTML fornisce diversi tag "strutturali" che consentono di identificare e raggruppare meglio i contenuti e, nel processo, fornisce un supporto che consente di allegare stili CSS a diversi elementi della pagina.

HTML5 ha introdotto una gamma molto più ampia di tag che ti consentono di raggruppare contenuti che svolgono una particolare funzione, come il tag `<footer>`, che puoi utilizzare per raggruppare informazioni supplementari come un avviso di copyright, informazioni di contatto o un elenco di risorse.

I tag `<div>` e `<span>` sono stati utilizzati per gran parte della vita del Web. Sono stati tradizionalmente utilizzati per organizzare e raggruppare contenuti che non si prestano del tutto ad altri tag HTML. Pensa a loro come a vasi vuoti che riempi di contenuto. Un `div` è un blocco, il che significa che ha un'interruzione di riga prima e dopo, mentre `span` appare in linea, come parte di un paragrafo. Altrimenti, `div` e `span` non hanno proprietà visive intrinseche, quindi puoi utilizzare CSS per farli apparire come preferisci.

Il tag `<div>` indica qualsiasi blocco discreto di contenuto, molto simile a un paragrafo o a un titolo ma più spesso viene utilizzato per raggruppare un numero qualsiasi di altri elementi, quindi puoi inserire un titolo, un gruppo di paragrafi e un elenco puntato all'interno di un singolo blocco `<div>`. Il tag `<div>` è un ottimo modo per suddividere una pagina in aree logiche, come banner, piè di pagina, barra laterale e così via. Utilizzando CSS, è possibile posizionare in seguito ciascuna area per creare un layout di pagina sofisticati.

Il tag `<span>` viene utilizzato per gli elementi inline: parole o frasi che compaiono all'interno di un paragrafo o un'intestazione più grande. Trattalo come gli altri tag HTML in linea, come il tag `<a>` (per aggiungere un collegamento a un testo in un paragrafo) o il tag `<strong>` (per enfatizzare una parola in un paragrafo). Ad esempio, potresti utilizzare un tag `<span>` per indicare il nome di un'azienda, quindi utilizzare CSS per evidenziare il nome utilizzando un carattere, un colore e così via diversi.

Questi tag sono usati frequentemente nelle pagine web ricche di CSS e in questo libro imparerai come utilizzarli in combinazione con CSS per ottenere il controllo creativo sulle tue pagine web.

Cosa dimenticare

I CSS ti consentono di scrivere HTML più semplice per una grande ragione: ci sono molti vecchi tag HTML che dovresti dimenticare (se li stai ancora utilizzando). Il tag `<font>` è l'esempio più lampante. Il suo unico scopo è aggiungere un colore, una dimensione e un carattere al testo. Non fa nulla per rendere più comprensibile la struttura della pagina.

Ecco un elenco di tag e attributi che puoi facilmente sostituire con CSS:

- Dimentica `<font>` per controllare la visualizzazione del testo. I CSS fanno un lavoro molto migliore con il testo.
- Non utilizzare i tag `<b>` e `<i>` per enfatizzare il testo. Se desideri che il testo sia davvero enfatizzato, utilizza il

tag `<strong>`, che i browser normalmente visualizzano in grassetto. In alternativa, usa il tag `<em>` che i browser visualizzano in corsivo. Puoi usare CSS per rendere qualsiasi testo su una pagina in corsivo, grassetto o entrambi. Mentre HTML 4 ha cercato di eliminare gradualmente i tag `<b>` e `<i>`, HTML5 li ha ripristinati. In HTML5 il tag `<b>` ha lo scopo di rendere il testo in grassetto senza aggiungere alcun significato a quel testo (cioè, vuoi solo che il testo sia in grassetto ma non vuoi che le persone trattino quel testo in modo significativo). Allo stesso modo, il tag `<i>` viene utilizzato per mettere in corsivo il testo, ma non per enfatizzarne il significato.

- Ignora il tag `<table>` per il layout di pagina. Utilizza le tabelle solo per visualizzare informazioni come fogli di lavoro, pianificazioni e grafici. Come vedrai, puoi fare tutto il tuo layout con CSS usando molto meno tempo e codice rispetto al tag `table`.

- Non abusare del tag `<br>`. Se sei cresciuto utilizzando questo tag per inserire un'interruzione di riga senza creare un nuovo paragrafo, allora sei pronto per una sorpresa. I browser inseriscono automaticamente, e talvolta in modo esasperante, un po' di spazio tra i paragrafi, anche tra le intestazioni e i tag `<p>`. In passato, i progettisti utilizzavano soluzioni alternative elaborate per evitare la spaziatura dei paragrafi che non desideravano, come sostituire un singolo tag `<p>` con un mucchio di interruzioni di riga e utilizzando un tag `<font>` per far sembrare la prima riga del paragrafo un titolo.

Utilizzando i controlli per il margine di CSS, puoi facilmente impostare la quantità di spazio che vuoi vedere tra paragrafi, intestazioni e altri elementi a livello di blocco. Come regola generale, l'aggiunta di attributi ai tag che impostano colori, bordi, immagini di sfondo o allineamento, inclusi gli attributi che consentono di formattare i colori, è puro HTML della vecchia scuola. Per tutto questo è preferibile usare CSS per controllare il posizionamento del testo, i bordi, gli sfondi e l'allineamento dell'immagine.

Capitolo 3: Come funziona

Anche i siti web più complessi e belli, iniziano con un unico stile CSS. Man mano che aggiungi più stili e fogli di stile, puoi sviluppare siti Web che ispirano i designer e stupiscono i visitatori. Che tu sia un principiante CSS o un samurai dei fogli di stile, devi obbedire ad alcune regole di base su come creare stili e fogli di stile. In questo capitolo, inizierai dal punto di partenza, imparando le basi per creare e utilizzare stili e fogli di stile.

Un unico stile che definisce l'aspetto di un elemento su una pagina è piuttosto semplice. È essenzialmente solo una regola che dice a un browser web come formattare qualcosa su una pagina web: trasforma un titolo in blu, disegna un bordo rosso attorno a una foto o crea un riquadro della barra laterale di 150 pixel per contenere un elenco di link. Se uno stile potesse parlare, direbbe qualcosa del tipo: "Ehi Browser, falla sembrare così".

Uno stile è, infatti, composto da due parti: l'elemento della pagina web che il browser formatta (il selettore) e le istruzioni di formattazione reali (il blocco di dichiarazione). Ad esempio, un selettore può essere un titolo, un paragrafo di testo, una foto e così via. I blocchi di dichiarazione possono trasformare il testo in blu, aggiungere un bordo rosso attorno a un paragrafo, posizionare la foto al centro della pagina: le possibilità sono infinite.

Ovviamente, gli stili CSS non possono comunicare in un inglese come vorremmo perché hanno la loro lingua. Ad esempio, per impostare un colore e una dimensione del carattere standard per tutti i paragrafi di una pagina web, dovresti scrivere quanto segue:

```
p { color: red; font-size: 1.5em; }
```

Questo stile dice semplicemente: "Rendi il testo in tutti i paragrafi, contrassegnato con tag `<p>`, rosso e alto `1.5 em`". (un `em` è un'unità di misura basata sulla dimensione del testo normale di un browser.) Anche uno stile semplice come questo esempio contiene diversi componenti:

- **Selettore**. Come descritto in precedenza, il selettore indica a un browser Web quale o quali elementi di una pagina applicare lo stile, ad esempio un titolo, un paragrafo, un'immagine o un collegamento. In questo caso il selettore fa in modo che i browser web formattino tutti i tag `<p>` usando le direzioni di formattazione in questo stile. Con l'ampia gamma di selettori offerti da CSS e un po' di creatività, sarai in grado di individuare qualsiasi elemento su una pagina e formattarlo nel modo desiderato.

- **Blocco dichiarazione.** Il codice che segue il selettore include tutte le opzioni di formattazione che si desidera applicare al selettore. Il blocco inizia con una parentesi graffa di apertura ({) e termina con una parentesi graffa di chiusura (}).

- **Dichiarazione.** Tra le parentesi graffe di apertura e chiusura di un blocco di dichiarazione, si aggiungono una o più dichiarazioni o istruzioni di formattazione. Ogni dichiarazione ha due parti: una proprietà e un valore. I due punti separano il nome della proprietà e il suo valore e l'intera dichiarazione termina con un punto e virgola.

- **Proprietà**. CSS offre una vasta gamma di opzioni di formattazione, chiamate proprietà. Una proprietà è una parola, o poche parole separate da un trattino, che indica un certo effetto di stile. La maggior parte delle proprietà ha nomi semplici come `font`, `margin` e `color`. Ad esempio, la proprietà `background-color` imposta un colore di sfondo. Imparerai a conoscere una gran quantità di proprietà CSS in questo libro. È necessario aggiungere i due punti dopo il nome della proprietà per separarlo dal valore

- **Valore**. Puoi esprimere il tuo genio creativo assegnando un valore a una proprietà CSS, ad esempio creando uno sfondo blu, rosso, viola o beige. Diverse proprietà CSS richiedono specifici tipi di valori: un colore (come il `red` o `#FF0000`), una lunghezza (come

`18px`, `200%` o `5em`), un URL (come `immagini/sfondo.gif`) o una parola chiave specifica (come `top`, `center`, `bottom` ecc.)

Non è necessario scrivere uno stile su una singola riga, come mostrato prima. Molti stili hanno più proprietà di formattazione, quindi puoi renderli più facili da leggere suddividendoli in più righe. Ad esempio, potresti voler mettere il selettore e la parentesi graffa di apertura sulla prima riga, ogni dichiarazione sulla propria riga e la parentesi graffa di chiusura da sola sull'ultima riga, in questo modo:

```
p {
  color: red;
  font-size: 1.5em;
}
```

I browser Web ignorano gli spazi e i tab, quindi sentiti libero di aggiungerli per rendere il tuo CSS più leggibile.

Ad esempio, è utile indentare le proprietà, con una tabulazione o un paio di spazi, per separare visibilmente il selettore dalle dichiarazioni, rendendo più facile capire il loro ruolo. Inoltre, l'inserimento di uno spazio tra i due punti e il valore della proprietà è facoltativo ma aumenta la leggibilità dello stile. In effetti, puoi mettere tutto lo spazio bianco tra i due che desideri. Ad esempio, `color: red`, `color:    red` e `color:    red` funzionano tutti allo stesso modo.

Capitolo 4: Interno o esterno?

Ovviamente, un'unica regola non trasformerà una pagina web in un'opera d'arte. Può rendere rossi i tuoi paragrafi ma per infondere nei tuoi siti web un design eccezionale, hai bisogno di molti stili diversi. Una raccolta di stili CSS comprende un foglio di stile.

Un foglio di stile può essere di due tipi: interno o esterno, a seconda che le informazioni sullo stile si trovino nella pagina web stessa o in un file separato collegato alla pagina web.

La maggior parte delle volte, i fogli di stile esterni sono la miglior strada da percorrere poiché rendono più semplice la creazione di pagine Web e l'aggiornamento dei siti Web più veloce. Un foglio di stile esterno raccoglie tutte le informazioni sullo stile in un unico file che poi colleghi a una pagina web grazie ad una sola riga di codice.

Puoi allegare lo stesso foglio di stile esterno a ogni pagina del tuo sito web, fornendo un design unificato e coerente. Questo metodo rende più facile anche un completo rifacimento del sito, come modificare un singolo file di testo. Sul lato utente, i fogli di stile esterni aiutano le pagine web a caricarsi più velocemente infatti quando utilizzi un foglio di stile esterno, le tue pagine web possono contenere solo HTML di base, nessun tag `<font>` e nessun codice di stile CSS interno.

Inoltre, quando un browser web scarica un foglio di stile esterno, memorizza il file sul computer del visitatore (in una cartella dietro le quinte chiamata cache) per un rapido accesso. Quando il visitatore passa ad altre pagine del sito che utilizzano lo stesso foglio di stile esterno, non è necessario che il browser scarichi di nuovo il foglio di stile. Il browser scarica semplicemente il file HTML richiesto ed estrae il foglio di stile esterno dalla sua cache con un notevole risparmio di tempo per il download.

La cache di un browser aumenta notevolmente la velocità di navigazione per gli utenti del Web infatti ogni volta che la cache scarica e memorizza un file utilizzato di frequente, come un file CSS esterno o un'immagine, risparmia tempo e dati. Invece di scaricare di nuovo la volta successiva lo stesso file, il browser può focalizzarsi solo sulla pagina da visualizzare.

Tuttavia, ciò che è buono per i tuoi visitatori non è sempre buono per te poiché il browser Web memorizza nella cache e riusa i file CSS esterni scaricati pertanto è possibile inciampare mentre si lavora alla progettazione del sito.

Supponi di lavorare su una pagina che utilizza un foglio di stile esterno e di visualizzare l'anteprima della pagina in un browser. Qualcosa non sembra corretto, quindi torni al tuo editor web e modifichi il file CSS esterno. Quando torni al browser web e ricarichi la pagina, la modifica appena apportata non viene visualizzata! Sei appena stato catturato dalla cache. Quando ricarichi una pagina web, i browser non sempre ricaricano il foglio di stile esterno, quindi potresti non vedere l'ultima e migliore versione dei tuoi stili.

Per aggirare questo problema, puoi forzare il ricaricamento di una pagina (che ricarica anche tutti i file collegati) premendo il tasto Ctrl e facendo clic sul pulsante Ricarica del browser; Ctrl + F5 funziona anche per Chrome e Internet Explorer; Ctrl + Maiusc + R è la scorciatoia da tastiera di Firefox e Ctrl + R funziona sia per Safari che per Chrome per Mac.

Fogli di stile interni

Un foglio di stile interno, al contrario, è una raccolta di stili che fa parte del codice della pagina web. Viene sempre visualizzato tra i tag HTML `<style>` di apertura e di chiusura nella parte `<head>` della pagina. Ecco un esempio:

```html
<html>
<head>
 <style>
 h1 {
  color: #FF7643;
  font-family: Arial;
 }
 p {
  color: red;
  font-size: 1.5em;
 }
 </style>
</head>

<body>
<!-- Resto della pagina... -->
```

Il tag `<style>` è HTML, non CSS e il suo compito è dire al browser web che le informazioni contenute nei tag sono codice CSS e non HTML. Creare un foglio di stile interno è semplice come digitare uno o più stili tra i tag `<style>`. I fogli di stile interni sono facili da aggiungere a una pagina web e forniscono una spinta visiva immediata al tuo HTML ma non sono il metodo più efficiente per progettare un intero sito web composto da molte pagine web.

Per prima cosa, devi copiare e incollare il foglio di stile interno in ogni pagina del tuo sito, un compito che richiede del tempo e che aggiunge codice che consuma larghezza di banda a ciascuna pagina.

Ma i fogli di stile interni sono ancora più una seccatura quando vuoi aggiornare l'aspetto di un sito. Ad esempio, supponi di voler modificare il tag `<h1>`, che originariamente era grande, verde e in grassetto. Ora vuoi un carattere piccolo e blu nel carattere Courier. Utilizzando fogli di stile interni, dovresti modificare ogni pagina. Chi ha tutto quel tempo? Fortunatamente, esiste una soluzione semplice a questo dilemma: fogli di stile esterni.

Fogli di stile esterni

Un foglio di stile esterno non è altro che un file di testo contenente tutte le tue regole CSS. Non contiene mai codice HTML quindi non includere il tag `<style>` in un file di foglio di stile esterno.

Inoltre, devi far terminare sempre il nome del file con l'estensione `.css`. Puoi nominare il file come preferisci, ma vale la pena essere descrittivo, usa `global.css`, `sito.css` o semplicemente `stili.css`, ad esempio, per indicare un foglio di stile usato da ogni pagina del sito, oppure usa `form.css` per nominare un file contenente gli stili usati per far sembrare bello un modulo web.

Una volta creato un foglio di stile esterno, è necessario collegarlo alla pagina web che si desidera formattare. Per farlo, utilizza il tag HTML `<link>` in questo modo:

```
<link rel = "stylesheet" href = "css/stili.css">
```

Il tag `<link>` ha due attributi obbligatori:

- `rel = "stylesheet"` indica il tipo di collegamento: in questo caso, un collegamento a un foglio di stile.
- `href` punta alla posizione del file CSS esterno sul sito. Il valore di questa proprietà è un URL e varia a seconda di dove conservi il file CSS. Funziona allo stesso modo dell'attributo `src` che usi quando aggiungi un'immagine a una pagina o dell'attributo `href` di un link che punta a un'altra pagina.

Capitolo 5: Il mio stile

Questo capitolo ti guiderà attraverso i passaggi di base per l'aggiunta di stili inline, la scrittura di regole CSS e la creazione di fogli di stile interni ed esterni. Lavorerai su vari design CSS, da semplici elementi di design a layout di pagine web abilitati per CSS completi. Avvia il tuo software preferito per l'elaborazione di pagine web, che si tratti di un semplice editor di testo come Blocco note o TextEdit o di un editor più completo come Sublime Text, Atom o Dreamweaver.

Creazione di uno stile inline

Quando digiti una regola CSS direttamente nell'HTML di una pagina, stai creando uno stile inline (in linea). Gli stili in linea non offrono nessuno dei vantaggi di risparmio di tempo e larghezza di banda dei fogli di stile esterni quindi i professionisti non li usano quasi mai. Tuttavia, se devi assolutamente cambiare lo stile su un singolo elemento su una singola pagina, allora potresti voler ricorrere a uno stile in linea. (Ad esempio, quando si creano messaggi di posta elettronica in formato HTML, è meglio utilizzare gli stili in linea. Questo è l'unico modo per far funzionare i CSS in Gmail, per prima cosa.)

L'importante è posizionare con attenzione lo stile all'interno del tag che desideri formattare.

Ecco un esempio che ti mostra esattamente come farlo:

1. Crea il tuo file `index.html` con HTML5 in modo che contenga un paio di intestazioni diverse, alcuni paragrafi e un avviso di copyright all'interno di un tag `<address>`. Inizia a creare uno stile in linea per il tag `<h1>`.

2. Fai clic all'interno del tag di apertura `<h1>` e digita `style="color:#6A94CC;"`. Il tag dovrebbe avere questo aspetto:
`<h1 style = "color: #6A94CC;">`
L'attributo di stile è HTML, non CSS, quindi utilizza il segno di uguale e racchiudi tutto il codice CSS tra virgolette, infatti, solo ciò che è all'interno delle virgolette è codice CSS. In questo caso, hai aggiunto una proprietà denominata `color`, che influisce sul colore del testo e hai

impostato tale proprietà su `#6A94CC`, un codice esadecimale per definire un colore che è blu. I due punti separano il nome della proprietà dal valore della proprietà desiderato, come già visto.

3. Apri la pagina `index.html` in un browser web. Molti editor HTML includono anche una funzione "Anteprima nel browser" che, con una semplice scorciatoia da tastiera o un'opzione di menu, apre la pagina in un browser web. Vale la pena controllare la documentazione del programma per vedere se include questa funzione per risparmiare tempo. Quando visualizzi la pagina in un browser, il titolo è ora blu. Gli stili in linea possono includere più di una proprietà CSS quindi aggiungiamo un'altra proprietà.

4. Torna all'editor HTML, fai clic dopo il punto e virgola che segue `#6A94CC`, quindi digita `font-size: 3em;`. Il punto e virgola separa due diverse impostazioni di proprietà quindi il tag `<h1>` dovrebbe essere simile al seguente:

```
<h1 style = "color: # 6A94CC; font-
size: 3em;">
```

5. Visualizza l'anteprima della pagina in un browser web. Ad esempio, fai clic sul pulsante Ricarica della finestra del browser (ma assicurati di aver prima salvato il file HTML). Il titolo ora sarà molto più grande e così hai avuto un assaggio di quanto siano laboriosi gli stili in linea. Per rendere tutti i titoli `<h1>` di una pagina simili a questo potrebbero volerci giorni per

aggiungere tutto questo codice ai file HTML.

6. Torna all'editor di pagina ed eliminare l'intera proprietà dello stile, che riporta il tag di intestazione al suo normale `<h1>`.

Fogli di stile interni

Un approccio migliore rispetto agli stili in linea consiste nell'utilizzare un foglio di stile che contiene più regole CSS per controllare più elementi di una pagina. In questa sezione creerai uno stile che influisce su tutti i titoli di primo livello in un colpo solo. Questa singola regola formatta automaticamente ogni tag `<h1>` sulla pagina.

1. Con il file `index.html` aperto nel tuo editor di testo, fai clic direttamente dopo il tag di chiusura `</title>` quindi premi Invio e digita `<style>`. Il tag di apertura `<style>` indica l'inizio del foglio di stile ed è sempre una buona idea chiudere un tag subito dopo aver digitato il tag di apertura, poiché è così facile dimenticare questo passaggio

una volta che si è passati alla scrittura del CSS. In questo caso, chiudi il tag `<style>` con `</style>` prima di aggiungere qualsiasi CSS.

2. Ora aggiungerai un selettore CSS che segna l'inizio del tuo primo stile.

3. Fai clic tra i tag di apertura e di chiusura `<style>` e digita `h1 {`. L'h1 indica il tag a cui il browser web deve applicare lo stile e la parentesi graffa di apertura segna l'inizio delle proprietà CSS per questo stile. In altre parole, dice: "Le cose divertenti vengono subito dopo di me". Come per i tag di chiusura, è una buona idea digitare la parentesi graffa di chiusura di uno stile prima di aggiungere effettivamente qualsiasi proprietà di stile.

4. Premi due volte Invio e digita una singola parentesi graffa di chiusura `}`. In qualità di partner della parentesi

graffa di apertura che hai digitato nell'ultimo passaggio, il compito di questa parentesi graffa è di dire al browser web: "Questa particolare regola CSS finisce qui". Ora è tempo per le cose divertenti.

5. Fai clic sulla riga vuota tra le due parentesi graffe. Premi il tasto Tab e digita `color: #6A94CC;`. Hai digitato la stessa proprietà di stile della versione inline. Il punto e virgola finale segna la fine della dichiarazione di proprietà.

6. Premi nuovamente Invio e aggiungi due proprietà aggiuntive, in questo modo: `font-size: 3em; margin: 0;` Assicurati di non lasciare il punto e virgola alla fine di ogni riga; in caso contrario, il CSS non verrà visualizzato correttamente in nessun browser. Ciascuna di queste proprietà aggiunge un diverso effetto visivo al titolo. Il

primo assegna una dimensione e un carattere al testo mentre il secondo rimuove lo spazio intorno al titolo. Congratulazioni, hai appena creato un foglio di stile interno. Il codice che hai aggiunto dovrebbe assomigliare al seguente:

```
<title>La mia pagina</title>
<style>
h1 {
 color: #6A94CC;
 font-size: 3em;
 margin: 0;
}
</style>
</head>
```

7. Salva la pagina e visualizzane l'anteprima in un browser web.

8. Nel tuo editor, fai clic dopo la parentesi graffa di chiusura dello stile h1 appena creato, premi Invio, quindi aggiungi la seguente regola:

```
p {
  font-size: 1.25em;
  color: #616161;
  line-height: 150%;
  margin-top: 10px;
  margin-left: 60px;
}
```

Questa regola formatta ogni paragrafo della pagina. Non preoccuparti troppo in questo momento di ciò che sta facendo ciascuna di queste proprietà CSS; li vedremo in seguito o puoi capirlo modificandone i valori. Per ora, esercitati a digitare correttamente il codice e fatti un'idea di come aggiungere CSS a una pagina.

9. Visualizza l'anteprima della pagina in un browser. La pagina sta iniziando a prendere forma e puoi vedere in quale direzione stilistica è diretta la pagina.

Il processo su cui hai appena lavorato è CSS in poche parole: inizia con una pagina HTML, aggiungi un foglio di stile e crea regole CSS per rendere la pagina eccezionale. Nella parte successiva, vedrai come lavorare in modo più efficiente, utilizzando fogli di stile esterni.

Fogli di stile esterni

Poiché raggruppa tutti i tuoi stili nella parte superiore della pagina, un foglio di stile interno è molto più facile da creare e manutenere rispetto allo stile in linea che hai creato poche pagine fa. Inoltre, un foglio di stile interno ti consente di formattare un numero qualsiasi di istanze di un tag su una pagina, come ogni tag `<p>`, digitando una semplice regola.

Ma un foglio di stile esterno migliora ulteriormente la situazione: può memorizzare tutti gli stili di un intero sito web. La modifica di uno stile nel foglio di stile esterno aggiorna l'intero sito. In questa sezione, prenderai gli stili che hai creato nella sezione precedente e li inserirai in un foglio di stile esterno.

1. Nel tuo editor di testo, crea un nuovo file e salvalo come `styles.css` nella

stessa cartella della pagina web su cui hai lavorato. I file dei fogli di stile esterni terminano con l'estensione `.css`. Il nome file `styles.css` indica che gli stili contenuti nel file si applicano a tutto il sito. (Ma puoi usare qualsiasi nome di file, purché termini con l'estensione `.css`.)

2. Digita la seguente regola nel file `styles.css`:

```
html {
  padding-top: 25px;
  background-image:
url(immagini/sfondo.png);
}
```

Questa regola si applica al tag `<html>`, il tag che circonda tutti gli altri tag HTML sulla pagina. La proprietà `padding-top` aggiunge spazio tra la parte superiore del tag e il contenuto che va al suo interno. In altre parole, ciò che hai appena digitato aggiungerà 25 pixel di spazio tra la parte superiore della finestra del browser e il contenuto della pagina. L'immagine di sfondo aggiunge un file grafico allo sfondo della pagina. La proprietà CSS `background-image` può visualizzare l'elemento grafico in molti modi diversi: in questo caso, l'elemento grafico si affiancherà senza interruzioni da sinistra a destra e dall'alto verso il basso, coprendo l'intera finestra del browser.

3. Aggiungi una seconda regola nel file `styles.css`:

```css
body {
 width: 80%;
 padding: 20px;
 margin: 0 auto;
 border-radius: 10px;
 box-shadow: 10px 10px 10px
rgba(0,0,0,.5);
 background-color: #E1EDEB;
}
```

Questa regola si applica al tag `<body>`, il tag che mantiene tutto il contenuto visibile in una finestra del browser web. Ci sono molte cose diverse in questo stile ma, in poche parole, questo stile crea una casella per il contenuto della pagina che è l'80 percento della larghezza della finestra del browser, ha un po' di spazio all'interno che sposta il testo dal bordo della casella (questa è la proprietà `padding`) e centra il box sulla pagina (questa è la proprietà `margin`). Infine, il contenitore assume un colore di sfondo azzurro e un'ombra esterna trasparente. Invece di ricreare il lavoro che hai fatto in precedenza, copia semplicemente gli stili che hai creato nella sezione precedente e incollali in questo foglio di stile.

4. Apri la pagina `index.html` su cui stai lavorando e copia tutto il testo all'interno dei tag `<style>`.

5. Copia le informazioni sullo stile nello stesso modo in cui copi il testo. Un foglio di stile esterno non contiene mai HTML: ecco perché non hai copiato i tag `<style>`.

6. Salva `styles.css`. Ora devi solo ripulire il tuo vecchio file e collegare il nuovo foglio di stile.

7. Torna al file `index.html` nel tuo editor di testo ed elimina i tag `<style>` e tutte le regole CSS che hai digitato in precedenza. Non hai più bisogno di questi stili, poiché si trovano nel foglio di stile esterno che stai per allegare. Un'idea importante è che puoi utilizzare quasi tutti i font che desideri in una pagina web, anche quelli che i tuoi utenti non hanno installato sui

propri computer, semplicemente fornendo un collegamento a quel file di font. Esistono molti modi diversi per utilizzare i caratteri web, ma in questo esempio utilizzerai il servizio di font web di Google.

8. Nello spazio in cui si trovavano gli stili (tra il tag `</title>` di chiusura e il tag `</head>` di chiusura), digita quanto segue:

```
<link
href='http://fonts.googleapis.com/
css?family=Varela+Round'
rel='stylesheet'>
```

Ancora una volta, non preoccuparti dei dettagli. Tutto quello che devi sapere per ora è che quando un browser web incontra questo collegamento, scarica un font chiamato Varela Round da un server di Google e i tuoi stili CSS possono usarlo liberamente.

Successivamente, ti collegherai al foglio di stile esterno che hai creato in precedenza.

9. Dopo il tag `<link>` aggiunto nel passaggio precedente, digita:

```
<link href="styles.css"
rel="stylesheet">
```

Il tag `<link>` specifica la posizione del foglio di stile esterno. L'attributo `rel` indica semplicemente al browser che si sta collegando a un foglio di stile.

10. Salva il file e visualizzalo in anteprima in un browser web. Vedrai gli stessi stili di testo per i tag `<h1>` e `<p>` che hai creato nel foglio di stile interno. Inoltre, ora è presente uno sfondo (l'immagine di sfondo che hai applicato al tag `<html>`), nonché un riquadro blu-verdastro di colore chiaro. Quella casella è il tag `<body>` e la sua

larghezza è l'80 percento di quella della finestra del browser. Prova a ridimensionare la finestra del browser e nota che anche la casella cambia larghezza. C'è anche un'ombra su questo contenitore; puoi vedere attraverso l'ombra verso lo sfondo. Questo grazie a un tipo di colore speciale, il colore `rgba`, che include un'impostazione di trasparenza. Nota anche che gli angoli del box sono arrotondati, grazie alla proprietà `border-radius`. Ora utilizzerai il carattere web a cui ti sei collegato al passaggio 8.

11. Nell'editor di testo, torna al file `styles.css`. Per lo stile h1, aggiungi le seguenti due righe:

```
font-family: 'Varela Round',
'Arial Black', serif;
font-weight: normal;
```

Lo stile finale dovrebbe apparire così:

```css
h1 {
  font-family: 'Varela Round',
'Arial Black', serif;
  font-weight: normal;
  color: #6A94CC;
  font-size: 3em;
  margin: 0;
}
```

Se visualizzi ora l'anteprima della pagina, vedrai il nuovo carattere, Varela Round, per il titolo. Per dimostrare quanto può essere utile mantenere i tuoi stili nel loro file esterno, allegherai il foglio di stile ad un'altra pagina web.

12. Crea un nuovo file denominato `pagina2.html`. Questa pagina deve contenere alcuni degli stessi tag HTML (h1, h2, p e così via) dell'altra pagina web su cui hai lavorato.

13. Fai clic dopo il tag di chiusura `</title>` e premi Invio. Ora ti collegherai sia al font web che al foglio di stile esterno.

14. Digita gli stessi tag `<link>` che hai inserito nei passaggi 8 e 9. Il codice della pagina web dovrebbe essere simile a questo:

```
<title>Pagina 2</title>
 <link
href='http://fonts.googleapis.com/
css?family=Varela+Round'
rel='stylesheet'>
 <link href="styles.css"
rel="stylesheet">
</head>
```

15. Salva la pagina e visualizza l'anteprima in un browser web. Ta-da! Solo due righe di codice aggiunte alla pagina web sono sufficienti per trasformarne istantaneamente l'aspetto. Per dimostrare quanto sia facile aggiornare un foglio di stile esterno, lo farai

modificando uno stile e aggiungendone un altro.

16. Apri il file `styles.css` e aggiungi la famiglia di caratteri della dichiarazione CSS: `"Palatino Linotype", Baskerville, serif;` all'inizio dello stile `p`. Il codice dovrebbe assomigliare a questo:

```
p {
  font-family: "Palatino Linotype",
Baskerville, serif;
  font-size: 1.25em;
  color: #616161;
  line-height: 150%;
  margin-top: 10px;
  margin-left: 60px;
}
```

In questo caso, non stai utilizzando un carattere web, ma ti affidi al fatto che il visitatore del sito abbia già uno dei caratteri elencati sulla sua macchina. Successivamente, crea una nuova regola per il tag `<h2>`.

17. Fai clic alla fine della chiusura dello stile p }, premi Invio e aggiungi la seguente regola:

```
h2 {
  color: #B1967C;
  font-family: 'Varela Round',
'Arial Black', serif;
  font-weight: normal;
  font-size: 2.2em;
  border-bottom: 2px white solid;
  background:
url(immagini/icona.png) no-repeat
10px 10px;
  padding: 0 0 2px 60px;
  margin: 0;
}
```

Alcune di queste proprietà CSS le hai già incontrate, alcuni sono nuove, come la proprietà `border-bottom` per l'aggiunta di una riga sotto il titolo. E alcune, come la proprietà `background`, forniscono una scorciatoia per combinare diverse proprietà diverse, in questo caso l'immagine di sfondo e la ripetizione dello sfondo, in una singola proprietà. Gli stili che hai creato finora influiscono principalmente sui tag (h1, h2 e p) e influiscono su ogni istanza di tali tag. In altre parole, lo stile p che hai creato formatta ogni singolo paragrafo della pagina. Se vuoi scegliere come target un solo paragrafo, devi usare un diverso tipo di stile.

18. Aggiungi la seguente regola:

```css
.intro {
 color: #666666;
 font-family: 'Varela Round',
Helvetica, sans-serif;
 font-size: 1.2em;
 margin-left: 0;
 margin-bottom: 25px;
}
```

Se visualizzi l'anteprima della pagina index.html in un browser web, vedrai che questo nuovo stile non ha alcun effetto... per ora. Questo tipo di stile utilizza un selettore di classe, che formatta solo i tag specifici a cui si applica la classe. Affinché questo nuovo stile funzioni, è necessario modificare un po' di HTML.

19. Salva il file `styles.css` e passa al file `index.html` nell'editor di testo. Individua il tag di apertura `<p>` dopo il tag `<h1>` e aggiungi `class = "intro"` in modo che il tag di apertura abbia questo aspetto: `<p class = "intro">` Non è necessario aggiungere un punto prima della parola intro come hai fatto quando hai creato lo stile nel passaggio 18 (perché si tratta di una classe). Ripeti questo passaggio per il file `pagina2.html`, in altre parole aggiungi `class = "intro"` al primo tag `<p>` su quella pagina.

20. Salva tutti i file e visualizza in anteprima i file `index.html` e `pagina2.html` in un browser web. Nota

che l'aspetto di entrambe le pagine cambia, in base alle semplici modifiche apportate al file CSS. Chiudi gli occhi e immagina che il tuo sito web abbia mille pagine. Hai un'ultima modifica da apportare: se guardi la parte inferiore della pagina nel tuo browser, vedrai l'avviso di copyright. È un po' piccolo e non è allineato con i paragrafi precedenti. Inoltre, sarebbe migliore se condividesse la stessa formattazione degli altri paragrafi. Divertiti a modificarlo come hai imparato.

21. Chiudi il file `styles.css` e ricarica il file `index.html` nel tuo browser web. Per ulteriore pratica, dedica qualche minuto a giocare con il file `styles.css`. Prova valori diversi per le proprietà del foglio di stile. Ad esempio, prova un numero diverso per la proprietà `width`

del `body` o prova diversi numeri per le dimensioni del carattere.

Capitolo 6: Identificare lo stile

Ogni stile CSS ha due parti fondamentali: un selettore e un blocco di dichiarazione. Il blocco di dichiarazione contiene le proprietà di formattazione - colore del testo, dimensione del carattere e così via – fin qui tutto bene. La capacità di concentrare lo stile su elementi specifici risiede in quei primi pochi caratteri all'inizio di ogni regola: il selettore.

Dicendo ai CSS cosa vuoi che formattare, il selettore ti dà il pieno controllo dell'aspetto della tua pagina. Se ti piacciono le regole generali, puoi utilizzare un selettore che si applica a più elementi in una pagina contemporaneamente. Ma se sei un po' più orientato ai dettagli, altri selettori ti consentono di individuare un elemento specifico o una raccolta di elementi simili. I selettori CSS ti danno molta potenza; questo capitolo mostra come usarli.

I selettori utilizzati per definire particolari tag HTML sono chiamati selettori di tipo o elemento. Sono strumenti di styling estremamente efficienti, poiché si applicano a ogni occorrenza di quel tag su una pagina web. Con loro, puoi apportare modifiche di design a una pagina con uno sforzo minimo. Ad esempio, quando vuoi formattare ogni paragrafo di testo su una pagina, usando lo stesso carattere, colore e dimensione, crei semplicemente uno stile usando `p` (per riferirsi al tag `<p>`) come selettore.

In sostanza, un selettore di tipo ridefinisce il modo in cui un browser visualizza un particolare tag. Prima del CSS, per formattare il testo, dovevi racchiudere quel testo in un tag `<font>`.

Per aggiungere lo stesso aspetto a ogni paragrafo di una pagina, spesso dovevi usare più volte il tag `<font>`. Questo processo richiedeva molto lavoro e richiedeva molto HTML, rendendo le pagine più lente da scaricare e più dispendiose in termini di tempo per l'aggiornamento. Con i selettori di tipo, in realtà non devi fare nulla per l'HTML: crea semplicemente la regola CSS e lascia che il browser faccia il resto.

I selettori di tipo sono facili da individuare in una regola CSS, poiché hanno lo stesso identico nome del tag che definiscono: `p`, `h1`, `table`, `img` e così via. I selettori di tipo hanno i loro svantaggi, tuttavia, se desideri che alcuni paragrafi abbiano un aspetto diverso dagli altri?

Un semplice selettore di tipo non funziona in questo caso, poiché non fornisce informazioni sufficienti per un browser web per identificare la differenza tra i tag `<p>` che desideri evidenziare in viola, grassetto e con caratteri grandi dai tag `<p>` che desideri con un testo normale e nero. Fortunatamente, i CSS forniscono diversi modi per risolvere questo problema: il metodo più semplice è chiamato selettore di classe.

Quando vuoi dare a uno o più elementi un aspetto diverso dai tag correlati sulla pagina, ad esempio dare a una o due immagini su una pagina un bordo rosso lasciando la maggior parte delle altre immagini prive di stile, puoi utilizzare un selettore di classe. Se hai familiarità con gli stili nei programmi di elaborazione testi come Microsoft Word, i selettori di classe ti sembreranno familiari.

Si crea un selettore di classe assegnandogli un nome e quindi applicandolo solo ai tag HTML che si desidera formattare. Ad esempio, puoi creare uno stile di classe denominato `.copyright` e quindi applicarlo solo a un paragrafo contenente informazioni sul copyright, senza influire su altri paragrafi.

I selettori di classe ti consentono anche di individuare un elemento esatto, indipendentemente dal suo tag. Supponi di voler formattare una o due parole all'interno di un paragrafo, ad esempio. In questo caso, non vuoi che l'intero tag `<p>` sia interessato, ma solo una singola frase al suo interno. Puoi usare un selettore di classe per indicare solo quelle parole. Puoi persino utilizzare un selettore di classe per applicare la stessa formattazione a più elementi con tag HTML diversi. Ad esempio, puoi dare a un paragrafo e a un'intestazione di secondo livello lo stesso stile, magari un colore e un carattere che hai selezionato per evidenziare informazioni speciali.

A differenza dei selettori di tipo, che ti limitano ai tag HTML esistenti nella pagina, puoi creare tutti i selettori di classe che desideri e metterli dove vuoi. Probabilmente hai notato il punto con cui inizia il nome di ogni selezionatore di classe, ad esempio `.copyright` e `.speciale`. È una delle poche regole da tenere a mente quando si nomina una classe:

- Tutti i nomi dei selettori di classe devono iniziare con un punto. È così che i browser web individuano un selettore di classe nel foglio di stile.

- CSS consente solo lettere, numeri, trattini e trattini bassi nei nomi delle classi.

- Dopo il punto, il nome deve sempre iniziare con una lettera. Ad esempio, `.1icona` non è un nome di classe valido, ma `.icona1` lo è. Puoi avere classi denominate `.copy-right` e

`.banner_immagine`, ma non `.-Banner` o `._un_banner`.

- I nomi delle classi fanno distinzione tra maiuscole e minuscole. Ad esempio, CSS tratta `.SIDEBAR` e `.sidebar` come due classi differenti. A parte il nome, crei stili di classe esattamente come gli stili di tag. Dopo il nome della classe, basta semplicemente inserire un blocco di dichiarazione contenente tutto lo stile che desideri:

```
.speciale {
color:#FF0000;
font-family:"Monotype Corsiva";
}
```

Poiché i selettori di tipo si applicano a tutti i tag su una pagina web, devi semplicemente definirli nel tuo foglio di stile: i tag HTML che li fanno funzionare sono già presenti.

La libertà extra che ottieni con gli stili di classe, però, ha bisogno di un po' più di lavoro. L'utilizzo dei selettori di classe è un processo in due fasi.

Dopo aver creato una regola di classe, devi quindi indicare dove desideri applicare quella formattazione. Per fare ciò, aggiungi un attributo `class` al tag HTML che desideri applicare allo stile. Supponiamo che tu crei una classe `.speciale` che utilizzerai per evidenziare particolari elementi della pagina.

Per aggiungere questo stile a un paragrafo, aggiungi un attributo `class` al tag `<p>`, in questo modo: `<p class = "special">`

Quando un browser web incontra questo tag, sa di applicare le regole di formattazione contenute nello stile `.speciale` al paragrafo. Puoi anche applicare la formattazione della classe solo a una parte di un paragrafo o di un'intestazione aggiungendo un tag `<span>`. Ad esempio, per evidenziare solo una parola in un paragrafo utilizzando lo stile `.speciale`, potresti scrivere:

```
<p>Benvenuto al <span
class="special">Caffé Pippo</span>, un
bar alquanto speciale.</p>
```

Dopo aver creato uno stile di classe, puoi applicarlo a quasi tutti i tag della pagina. In effetti, puoi applicare la stessa classe a tag diversi, quindi puoi creare uno stile `.speciale` con un carattere e un colore specifici e applicarlo ai tag `<h2>`, `<p>` e `<ul>`.

Un tag, più classi

Non solo puoi applicare la stessa classe a tag diversi, ma puoi anche applicare più classi allo stesso tag. Sebbene possa sembrare del lavoro extra creare più classi e aggiungere più nomi di classi allo stesso tag, è un approccio comune. Ecco un esempio di quando potresti applicare più classi allo stesso tag.

Immagina di progettare un'interfaccia per gestire il carrello degli acquisti di un utente. L'interfaccia richiede una varietà di pulsanti, ognuno dei quali fa qualcosa di diverso. Un pulsante può essere utilizzato per eliminare un prodotto dal carrello, un altro pulsante per aggiungere un articolo e un terzo pulsante per modificare la quantità. Essendo un buon designer, vuoi che i pulsanti condividano alcune somiglianze, come angoli arrotondati e lo stesso font, ma hanno anche il loro aspetto: rosso per il pulsante Elimina, verde per il pulsante Aggiungi e così via.

Per ottenere coerenza e unicità, puoi creare due classi. Una classe verrà applicata a tutti i pulsanti e le altre classi verranno applicate a determinati tipi di pulsanti.

Per iniziare, dovresti creare una classe .btn:

```css
.btn {

  border-radius: 5px;
  font-family: Arial, Helvetica, serif;
  font-size: .8 em;
}
```

Quindi potresti creare classi aggiuntive per ogni tipo di pulsante:

```css
.elimina {
  background-color: red;
}
.aggiungi {
  background-color: green;
}
.modifica {
  background-color: grey;
```

}

Applicando più di una classe a un tag, puoi combinare gli stili e creare sia una coerenza tra i pulsanti che un aspetto unico per ogni tipo di pulsante:

```
<button class="btn
aggiungi">Aggiungi</button>
<button class="btn
elimina">Elimina</button>
<button class="btn
modifica">Modifica</button>
```

I browser web e HTML non hanno problemi a gestire più classi applicate a un singolo elemento. Nel tag HTML, aggiungi semplicemente l'attributo `class` e, per il valore, aggiungi ogni nome di classe, separato da uno spazio. Il browser combinerà le proprietà delle varie classi e applicherà il set finale combinato di stili all'elemento. Quindi, nell'esempio corrente, tutti i pulsanti avranno angoli arrotondati e utilizzeranno il carattere Arial a `.8em`.

Tuttavia, il pulsante Aggiungi sarà verde, il pulsante Elimina rosso e il pulsante Modifica grigio. Il vantaggio di questo approccio è che se decidi che i pulsanti non debbano più avere angoli arrotondati o che debbano usare un carattere diverso, devi solo cambiare lo stile `.btn` per aggiornare l'aspetto di ciascuno dei pulsanti. Allo stesso modo, se decidi che il pulsante Modifica deve essere giallo anziché grigio, la modifica dello stile `.modifica` avrà effetto solo su quel pulsante e su nessuno degli altri.

Capitolo 7: Specifici o generici?

Specifici

CSS riserva il selettore ID per identificare una parte univoca di una pagina, come un banner, una barra di navigazione o l'area del contenuto principale. Proprio come con un selettore di classe, crei un ID assegnandogli un nome in CSS, quindi lo applichi aggiungendo l'ID al codice HTML della tua pagina. Allora qual è la differenza?

I selettori di ID hanno alcuni usi specifici nelle pagine web molto lunghe o basate su JavaScript. In caso contrario, sono pochi i motivi validi per utilizzare gli ID rispetto alle classi. Sebbene i web designer non utilizzino i selettori di ID come una volta, è bene sapere cosa sono e come funzionano.

Se decidi di utilizzare un selettore di ID, crearne uno è facile. Proprio come un punto indica il nome di un selettore di classe, un simbolo cancelletto (#) identifica uno stile tramite ID.

Questo esempio fornisce un colore di sfondo e una larghezza e altezza per l'elemento:

```
#banner {
  background: #CC0000;
  height: 300px;
  width: 720px;
}
```

L'applicazione di un ID in HTML è simile all'applicazione di classi ma utilizza un attributo diverso denominato, abbastanza logicamente, id. Ad esempio, per applicare lo stile sopra a un tag `<div>`, dovresti scrivere questo HTML: `<div id = "banner">`

Allo stesso modo, per indicare che l'ultimo paragrafo di una pagina è l'unico avviso di copyright di quella pagina, puoi creare uno stile ID chiamato `#copyright` e aggiungerlo al tag di quel paragrafo: `<p id = "copyright">`

Generici

A volte hai bisogno di un modo rapido per applicare la stessa formattazione a diversi elementi diversi. Ad esempio, forse desideri che tutte le intestazioni di una pagina condividano lo stesso colore e carattere. Creare uno stile separato per ogni intestazione - h1, h2, h3, h4 e così via - è troppo faticoso e se in seguito desideri cambiare il colore di tutte le intestazioni, hai sei stili diversi da aggiornare.

Un approccio migliore consiste nell'usare un selettore di gruppo. I selettori di gruppo consentono di applicare uno stile a più selettori contemporaneamente. Per lavorare con i selettori come gruppo, crea semplicemente un elenco di selettori separati da virgole. Quindi, per modellare tutti i tag di intestazione con lo stesso colore, puoi creare la seguente regola:

```
h1, h2, h3, h4, h5, h6 {
  color: #F1CD33;
}
```

Questo esempio consiste solo di selettori di tipo ma è possibile utilizzare qualsiasi selettore valido (o combinazione di tipi di selettore) in un selettore di gruppo. Ad esempio, ecco un selettore di gruppo che applica lo stesso colore del carattere al tag <h1>, al tag <p>, a qualsiasi tag con lo stile della classe .copyright e al tag con l'ID #banner:

```
h1, p, .copyright, #banner { color:
#F1CD33; }
```

Pensa a un selettore di gruppo come scorciatoia per applicare le stesse proprietà di stile a diversi elementi di pagina. CSS offre anche una sorta di selettore di gruppo totale: il selettore universale. Un asterisco (*) è un'abbreviazione universale del selettore per selezionare ogni singolo tag.

Ad esempio, supponi di voler visualizzare tutti i tag sulla tua pagina in grassetto. Il tuo selettore di gruppo potrebbe essere simile al seguente:

```
a, p, img, h1, h2, h3, h4, h5 ... {
  font-weight: bold;
}
```

L'asterisco, tuttavia, è un modo molto più breve per dire ai CSS di selezionare tutti i tag HTML sulla pagina:

```
* {font-weight: bold; }
```

Puoi persino utilizzare il selettore universale come parte di un selettore discendente, in modo da poter applicare uno stile a tutti i tag che discendono da un particolare elemento della pagina. Ad esempio, `.banner *` seleziona ogni tag all'interno dell'elemento della pagina a cui hai applicato la classe `banner`.

Poiché il selettore universale non specifica alcun tipo particolare di tag, è difficile prevedere il suo effetto sul valore di pagine di un intero sito web composte da una varietà di tag HTML diversi. Per formattare molti diversi elementi della pagina, i guru delle pagine web si affidano all'ereditarietà, una caratteristica CSS, tuttavia, alcuni web designer utilizzano il selettore universale come un modo per rimuovere tutto lo spazio attorno agli elementi a livello di blocco.

Per esempio, puoi aggiungere spazio attorno a un elemento utilizzando la proprietà CSS `margin` e aggiungere spazio tra il bordo di un elemento e il contenuto all'interno utilizzando la proprietà `padding`. I browser aggiungono automaticamente quantità variabili di spazio per tag diversi, quindi un modo per iniziare con una pagina pulita e rimuovere tutto lo spazio intorno ai tag è il seguente:

```
* {
  padding: 0;
  margin: 0;
}
```

Capitolo 8: Pseudo-classi ed elementi

A volte è necessario selezionare parti di una pagina web che non hanno tag di per sé ma sono comunque facili da identificare, come la prima riga di un paragrafo o un collegamento quando ci si sposta il mouse sopra. I CSS ti danno una manciata di selettori per questi effetti: pseudo-classi e pseudo-elementi.

Affrontiamo questo argomento per i collegamenti (link) infatti quattro pseudo-classi consentono di formattare i collegamenti in quattro stati diversi in base a come un visitatore ha interagito con quel collegamento. Identificano quando un collegamento si trova in uno dei seguenti quattro stati:

- `a:link` seleziona qualsiasi collegamento che il tuo utente non ha ancora visitato, quando il mouse non passa sopra o non fa clic su di esso. Questo stile è il tuo normale collegamento web inutilizzato.

- `a:visited` è un collegamento su cui il tuo utente ha fatto clic in precedenza, in base alla cronologia del browser web. Puoi definire lo stile di questo tipo di collegamento in modo diverso rispetto a un normale collegamento per dire al tuo visitatore: "Ehi, ci sei già stato qui!"

- `a:hover` consente di modificare l'aspetto di un collegamento quando il visitatore passa il mouse su di esso. Gli effetti di rollover che puoi creare non sono solo per divertimento ma possono fornire un utile feedback visivo per i pulsanti su una barra di navigazione.

Puoi anche usare la pseudo-classe `:hover` su elementi diversi dai link. Ad esempio, puoi usarlo per evidenziare il testo in un `<p>` o `<div>` quando i tuoi utenti passano il mouse su di esso. In tal caso, invece di utilizzare `a:hover` (che è per i collegamenti) per aggiungere un effetto hover, puoi creare uno stile denominato `p:hover` per creare un effetto specifico quando qualcuno passa il mouse su un paragrafo. Se desideri solo applicare uno stile ai tag con una classe specifica di evidenziazione, crea uno stile denominato `.evidenzia:hover`.

- `a:active` consente di determinare l'aspetto di un collegamento quando l'utente fa clic. In altre parole, copre quel breve intervallo in cui qualcuno preme il pulsante del mouse, prima di rilasciarlo.

Le linee guida CSS definiscono diversi potenti selettori di pseudo-classi e pseudo-elementi oltre a quelli trattati finora. Il supporto per questi selettori in tutti i browser tranne i più vecchi è molto buono.

La pseudo-classe `:focus` funziona in modo molto simile alla pseudo-classe `:hover`. Mentre `:hover` si applica quando un utente posiziona il mouse su un collegamento, `:focus` si applica quando il visitatore fa qualcosa per indicare la sua attenzione a un elemento di una pagina web, di solito facendo clic o facendo clic su di esso.

Nel gergo della programmazione, quando un visitatore fa clic in una casella di testo su un modulo Web, si concentra (focus) su quella casella di testo. Quel clic è l'unico indizio di un web designer su dove il visitatore sta concentrando la sua attenzione.

Il selettore :focus è principalmente utile per fornire un feedback ai tuoi utenti, perciò di solito è usato per cambiare il colore di sfondo di una casella di testo per indicare dove sta digitando del testo l'utente.

Questo stile, ad esempio, aggiunge un colore giallo chiaro a qualsiasi casella di testo in cui un visitatore fa clic o quando clicca su Tab e focalizza l'attenzione qui:

```
input:focus {
  background-color: #FFFFCC;
}
```

Il selettore :focus si applica solo mentre l'elemento è selezionato. Quando un visitatore preme su Tab in un altro campo di testo o fa clic in un altro punto della pagina, allontana il focus e le proprietà CSS dalla casella di testo.

Lo pseudo-elemento :before fa qualcosa che nessun altro selettore può fare: ti permette di aggiungere contenuto prima di un dato elemento. Ad esempio, supponi di voler inserire "SUGGERITO!" prima di alcuni paragrafi per farli risaltare. Invece di digitare quel testo nell'HTML della tua pagina, puoi lasciare che il selettore :before lo faccia per te.

Questo approccio non solo salva il codice ma, anche se decidi di cambiare il messaggio, puoi cambiare ogni pagina del tuo sito con una rapida modifica al tuo foglio di stile. (Lo svantaggio è che questo messaggio speciale è invisibile ai browser che non capiscono CSS o non capiscono il selettore :before.).

Esattamente come il selettore :before, lo pseudo-elemento :after aggiunge il contenuto generato, ma dopo l'elemento e non prima. È possibile utilizzare questo selettore, ad esempio, per aggiungere virgolette di chiusura (") dopo un testo che fa parte di una citazione.